Royal Horticultural Society

MEIN
GARTENBUCH

Unser Verlagsprogramm finden Sie unter www.christian-verlag.de

Übersetzung aus dem Englischen: Christine Frauendorf-Mössel
Textredaktion: Martina Kunze
Korrektur: Karola Neutze
Satz: Carmen Marchwinski
Umschlaggestaltung: Caroline Daphne Georgiadis, Daphnedesign

Die Deutsche Nationalbibliothek verzeichnet diese Publikation in der Deutschen Nationalbibliografie; detaillierte bibliografische Daten sind im Internet über http://dnb.d-nb.de abrufbar.

Gesamtherstellung Verlagshaus GeraNova Bruckmann GmbH

ISBN 978-3-86244-140-2

Christian Verlag
Postfach 400209
80702 München
E-Mail: lektorat@verlagshaus.de

Royal Horticultural Society

MEIN
GARTENBUCH

Der Begleiter für Anbau, Pflege und Ernte

CHRISTIAN

Inhalt

JANUAR

Beginnen Sie mit dem Umgraben der Erde, um sie für die Pflanzungen vorzubereiten – besonders wichtig bei schweren Tonböden.

Diesen Monat ...

Das Jahr beginnt meist mit frostigen Temperaturen, Regen oder Schnee – keine guten Bedingungen, um den Tag im Garten zu verbringen. Dennoch gibt es viel, das getan werden kann.

Ein großer Teil der Arbeit lässt sich im Haus erledigen. Saat und Pflanzen werden bestellt; Aussaattabletts, Töpfe, Glocken und Saatkästen sind zu reinigen und einige frühe Zwiebel-, Lauch- und Kohlsorten können bereits jetzt ausgesät werden. Aussaaten in Innenräumen brauchen Wärme. Sie sollten daher in einem beheizbaren Saattablett oder auf einem warmen, sonnigen Fensterbrett geschehen.

Man kann beginnen, den Boden umzugraben, um ihn für die Aussaat vorzubereiten. Das ist bei schweren Tonböden besonders wichtig. Leichte, sandige Böden sollten bis Anfang Frühjahr in Ruhe gelassen werden. Während des Umgrabens arbeitet man Gartenkomposterde oder Mist in die Erde ein, in die später Kartoffeln oder andere Starkzehrer ausgebracht werden können.

Eingewachsene, frei stehende Apfel- und Birnbäume stehen in diesem Monat zum Schnitt an – vorausgesetzt, dieser ist nötig. Junge oder gut fruchtende Bäume lässt man am besten in Ruhe, entfernt nur totes, krankes Holz oder unerwünschte Triebe. Auch andere Obstpflanzen sollten jetzt beschnitten werden, unter anderem Reben und Johannisbeeren.

Lauch, viele Kohlsorten und Pastinaken, die der Frost milder und süßer im Geschmack werden lässt, sind für die Küche bereit. Und natürlich können auch alle Vorräte an Zwiebeln, Kartoffeln und Äpfeln zusammen mit überschüssigen Sommerernten aus der Tiefkühltruhe verbraucht werden.

Auch gibt es einige frosthärtere Wintersalate, die im Glashaus ausgesät werden können. Sprossen aus hygienisch einwandfreiem Saatgut können Sie am Fensterbrett ziehen.

Wichtige Arbeiten im Gemüsegarten

Verschaffen Sie sich einen Überblick über Ihren voraussichtlichen Gemüsebedarf. Bestellen Sie das Saatgut, einschließlich Steckzwiebeln und Saatkartoffeln. Dann können Sie Ihren Aussaat-Kalender für jeden Monat erstellen und die Samen an einem kühlen, trockenen Ort lagern.

• Aussaaten in Innenräumen können vorgenommen werden. Fensterbretter sind oft recht dunkel und Sämlinge, die darauf gezogen werden, leiden noch lange. Glashäuser bieten bessere Bedingungen. Sie sollten beheizbar sein, um die Mindesttemperaturen von 7–10 °C für die meisten Gemüsesorten zu gewährleisten.

• Es ist Zeit für die Aussaat von Dicken Bohnen, Rosenkohl, Frühsommer-Kohl, Brokkoli, Blumenkohl, Lauch, Zwiebeln, Erbsen, Radieschen und Rettich, Schalotten, Spinat und Weißrüben.

• Zum Auspflanzen sind nun die Wintersalatpflanzen bereit. Sie benötigen allerdings schützendes Vlies oder Glasglocken.

• Schalotten und Knoblauch werden in milden Klimazonen in gut dränierten Böden gepflanzt.

• Rettich und Radieschen, Senf, Kresse, Wintersalat und andere Salate können in Anzuchttöpfen in einem Glashaus oder auf dem Fensterbrett gezogen werden.

• Im Freien werden Furchen für die Kultur von Erbsen und Bohnen, Lauch und Sellerie vorbereitet und mit Küchenabfällen, zerkleinertem Zeitungspapier, Kompost und Ähnlichem gefüllt. Das hilft, die Feuchtigkeit im Sommer zu halten.

• Beim Ernten von Wintergemüse noch vorhandene Pflanzen entfernen und auf den Kompost geben oder entsorgen, wenn sie von Krankheiten befallen sind. Pflanzenteile, die man liegen lässt, begünstigen Schädlinge und Krankheiten.

CHECKLISTE

✔ Eventuell größere Exemplare des Frühsommer-Kohls als Wintergrün verwenden.

✔ Topinamburknollen pflanzen.

✔ Gelagertes Gemüse regelmäßig kontrollieren. Verrottetes und Verfaultes entfernen.

✔ Kohlpflanzen vor Tauben schützen.

✔ Ausreichend Saattabletts, Töpfe, Stöcke, Bindematerial, Stützen und Netze sowie Dünger, Komposterde und Pflanzenschutzmittel besorgen.

GEMÜSE DES MONATS – LAUCH

Das robuste Wintergemüse Lauch ist einfach zu kultivieren. Sät man unterschiedliche Sorten zu unterschiedlichen Zeiten aus, kann man diese von Herbst bis Frühjahr ernten.

Tipps: Sparsam in Furchen von 1 cm Tiefe und in einem Abstand von 15 cm aussäen.

• Für spätsommerliche und herbstliche Ernten sät man ihn in Innenräumen in Saattabletts von Mitte bis Ende Winter aus.

• Ins Beet auspflanzen, sobald sie eine Höhe von 15–20 cm und Bleistiftdicke erreicht haben. Vor dem Versetzen gut wässern. Legen Sie mit dem Pflanzstab 5 cm breite und 15 cm tiefe Pflanzlöcher in einem Abstand von 15 cm an und geben Sie in jedes Loch eine Pflanze. Die Pflanzlöcher mit Wasser auffüllen, damit sich die Wurzeln setzen.

»Vom Beet auf den
Tisch in wenigen
Minuten – Frische und
Geschmack von selbst
gezogenem Gemüse
und Obst sind nicht
zu toppen.«

Vichyssoise – feine französische Lauchcreme

Für 6 Personen

Zubereitungszeit:

1 Stunde, plus Kühlung

Zutaten:

1 kg Lauch

50 g Butter

1 Zwiebel, gehackt

1 Liter Gemüsebrühe

1 Messerspitze Muskatnuss, gemahlen

750 g vorjährige Kartoffeln, gewürfelt

600 ml Milch

300 ml Sahne

150 ml Crème double

Salz und weißer Pfeffer

2 EL gehackten Schnittlauch zum Garnieren

1 Den grünen Teil der Lauchstangen abschneiden und für ein anderes Gericht aufbewahren. Den weißen Teil in dünne Ringe schneiden.

2 Butter in einer großen Kasserolle mit schwerem Boden schmelzen. Lauch und Zwiebeln hinzugeben und bei mittlerer Hitze 5 Minuten aufwallen lassen, bis sie weich, aber nicht verfärbt sind.

3 Gemüsebrühe, Muskatnuss und Kartoffeln hinzugeben und mit Salz und Pfeffer nach Geschmack würzen. Zum Kochen bringen. Hitze reduzieren, die Kasserolle teilweise bedecken und 25 Minuten köcheln und danach etwas abkühlen lassen.

4 Die Suppe in einen Mixer geben und mit einem Küchenstab pürieren – wenn nötig portionsweise. Dann durch ein Sieb in eine Terrine treiben. Die Sahne unterheben, gut durchrühren und fest verschließen.

5 Im Kühlschrank mindestens 3 Stunden kühlen. Kurz vor dem Servieren die Crème double einschlagen, abschmecken und wenn nötig nachwürzen. Die Suppe in gekühlten Schüsseln servieren und jede Portion mit reichlich gehacktem Schnittlauch garnieren.

Wichtige Arbeiten im Obstgarten

• Der Januar ist die günstigste Pflanzzeit für die meisten Obstgehölze. Prüfen Sie stets Wurzelunterlage und Bestäubungsgruppen, bevor Sie Obstbäume bestellen. Ist der Pflanzort beim Eintreffen der Pflanzen noch nicht vorbereitet, schlagen Sie wurzelnackte Ware in Erde ein. Containerware geschützt aufstellen und wässern, um ein Austrocknen zu verhindern.

• Nach dem Einpflanzen Erde mit einer 5–7,5 cm mächtigen organischen Mulchschicht abdecken, um die Ansiedlung von Unkräutern zu verhindern und die Feuchtigkeit während des Sommers zu halten.

• Schnittmaßnahmen bei eingewachsenen, solitären Apfel- und Birnbäumen sowie bei Johannis- und Stachelbeeren. Schneiden Sie stets nach festgelegten Regeln. Entfernen Sie überaltertes, schwächliches und krankes Holz.

• Rote, Weiße Johannis- und Stachelbeeren schneiden, indem die Haupttriebe um mindestens die Hälfte zurückgekappt werden. Seitentriebe auf drei Augen über der Basis einkürzen.

• Alle älteren Zweige der Schwarzen Johannisbeeren um ein Drittel bis zur Hälfte zurückschneiden, um Raum für jungen, vitalen Neuaustrieb zu schaffen.

• Alte, unproduktive Rhabarberstauden auspflanzen und teilen. Wieder in Erde einpflanzen, die mit reichlich gut verrottetem Mist oder organischem Material gemischt ist.

• Einen Eimer oder eine Anzuchtglocke über Rhabarberstauden decken, um die Ausbildung frischer, rosaroter Triebe zu fördern. Etwas Mist oder Stroh und Geflügelkotpellets, die auf die Erde gestreut werden, sorgen für zusätzliche Wärme, die den Austrieb beschleunigt.

• Vor Kaninchen oder Rehen, die gern an Rinden knabbern, schützen Baumschutzgitter.

• Pfirsich- und Nektarinenspalier vor der Blattkräuselkrankheit mit einem »Plastikzelt« schützen, das am oberen Ende des Spaliers befestigt wird. Rollen Sie die Plastikplane bis zum Boden

Wurzelbereich der Obstgehölze mit gut verrottetem Mist oder ähnlichem organischem Material mulchen.

herunter und befestigen Sie diese in einem Abstand von 45 cm von der Stammbasis entfernt im Boden.

Schneidewerkzeuge

Astscheren sind Gartenscheren mit langen Schäften und größeren Klingen, um dickere Äste durchzutrennen. Die langen Griffe erzeugen eine große Hebelkraft.

Teleskop-Baumscheren sind das perfekte Werkzeug, um auch an höher gelegene Äste heranzukommen.

Astsägen empfehlen sich für alle dickeren Äste, mit denen die Baum- oder Astschere nicht fertig wird.

Gartenmesser gibt es in zahlreichen Ausführungen, sie eignen sich zum Schneiden weichen Holzes und zum Veredeln.

CHECKLISTE

✔ Verfaulte und vertrocknete Äpfel, Birnen und Pflaumen entfernen. Von Fruchtfäule befallenes Obst sollte entsorgt werden, um ein Ausbreiten der Krankheit zu verhindern.

✔ Glasglocken über Erdbeerpflanzen ermöglichen eine frühe Ernte.

»Die Antwort liegt in
der Erde – lernen Sie
Ihren Boden kennen,
wenn Sie die besten
Ergebnisse erzielen
möchten.«

Bodenbearbeitung

Unkrautjäten

Zumeist beginnt man mit dieser Arbeit.

• Vorbereitung: Die Erde für einige Monate mit einer schwarzen Plastikfolie abdecken. Dies tötet die meisten Unkräuter ab.

• Graben Sie die Erde Stück für Stück um und entfernen Sie dabei verbliebene Unkrautwurzeln. Arbeiten Sie die Erde spatentief durch. Tiefer zu graben, ist nicht sinnvoll.

• Entfernte Unkräuter kompostieren. Hartnäckige Unkräuter anderweitig entsorgen.

• Bequem ist die Arbeit mit der Ackerfräse, mit der man die Scholle aufbricht und lockert. Sind aber noch Wurzeln mehrjähriger Unkräuter vorhanden, werden diese zerhackt. Dies kann zur Unkrautvermehrung beitragen. Nicht auf nassen Böden einsetzen, da die Fräse die Bodenstruktur zerstören kann.

Bodenstruktur prüfen

Einen ungefähr 60 cm tiefen Schacht ausheben. Er sollte einen oberen Horizont von ca. 25 cm dunkelbraunem, krümeligem Humus auf-

weisen – ohne verdichtete Zonen, die Pflanzenwurzeln nicht durchdringen können.

• Um den Wasserabzug zu prüfen, den Schacht mit Wasser befüllen und gegen Regen abdecken. Falls sich am nächsten Tag noch Wasser darin befindet, ist die Dränage ungenügend.

• Fehlt diese Humusschicht, muss der Boden gründlich verbessert werden.

• Einen schlechten Wasserabzug kann man durch das Anlegen von Hochbeeten vermeiden.

Bodentests

Pflanzen benötigen für ihr Wachstum Nährstoffe wie Haupt- (Stickstoff, Phosphat, Kalium etc.) und Spurenelemente (Eisen, Kupfer etc.).

• Ein Bodentest im Labor lohnt sich. Sie erfahren dadurch den pH-Wert Ihrer Gartenerde (ob sie eher sauer oder basisch ist) und deren Gehalt an Nährstoffen. Anhand dieser Informationen können Sie optimal düngen.

• Ist der Boden sauer, sollte er mit Kalk versetzt werden, um den pH-Wert anzuheben. Obstbäume und -sträucher vertragen sauren Boden zwar besser, aber für sie sind – wie für die meisten Gemüsearten (mit Ausnahme von Kartoffeln) – basische Bedingungen geeigneter, die auch gegen Krankheiten besser schützen.

Unten Testen Sie regelmäßig den pH-Wert des Bodens. Rechts Graben Sie mit einem Spaten einjährige Unkräuter und organisches Material unter.

Januar

Familienkleingärten

Kleingärten geben Kindern die Möglichkeit, mit den Pflanzen, Tieren und dem Boden vertraut zu werden.

erbsen und Rhabarberblätter (die mit Mangold verwechselt werden können) sind nicht genießbar usw.

Was mit einer Familie pflanzen?

Wählen Sie Gemüse und Obst, das zumindest einen der nachfolgenden Vorteile hat: schnelle Resultate (Rettiche oder Rucola), pflegeleicht (Rhabarber), Naschobst (Erdbeeren), aufregend zu ernten (Kartoffeln), leicht zu ernten (Erbsen), gedeiht garantiert (Zucchini und Kürbisse).

• Lassen Sie bei der Auswahl die Kinder mitbestimmen. Teilen Sie jedem Kind dafür ein eigenes Beet zu, damit es selbst entscheiden kann, was es ziehen möchte.

• Zeigen Sie den Kindern wie man in Reihen, Mustern und Buchstaben aussät, die ihren Namen ergeben.

• Beziehen Sie Ihre Kinder weiterhin in die gesamte Gartenarbeit mit ein.

Kinder beschäftigen

Abgesehen von Aussaat und Ernte gibt es noch andere Möglichkeiten, Kinder in die Gartenarbeit einzubinden.

• Die meisten Kinder machen sich gern die Hände schmutzig und spielen begeistert mit Erde. Mit einer Kinderschaufel ein kleines Beetstück umzugraben macht zufrieden.

• Geben Sie ihnen eine Sprühflasche mit Wasser, auch wenn möglicherweise nicht nur die Pflanzen nass werden.

• Basteln Sie mit ihnen eine Vogelscheuche aus alten Stofffetzen, CDs, Staniolstreifen, Dosen oder Stöckchen.

• Gelegentlich macht Kindern eine Herausforderung Spaß, die uns nur wenig reizt. Fordern Sie sie auf, Raupen oder Schnecken abzusammeln.

Für Familien ist der Kleingarten ein Ort des Vergnügens und der Bewegung an der frischen Luft. Sie lernen dabei viel über Pflanzen und Tiere, treffen Freunde und andere Kinder, mit denen sie spielen können. Beherzigt man wenige Verhaltensregeln, verläuft das Familienleben im Kleingarten entspannt.

Der Kleingarten für eine Familie sollte genauso geführt werden wie jeder andere Nutzgarten auch, mit einigen Ausnahmen. Kleinkinder können sich nur kurz konzentrieren, sodass Gartenbesuche auf häufige, aber kurze und kurzweilige Aufenthalte beschränkt werden sollten. Campingkocher oder Grill bieten die Möglichkeit, Geerntetes sofort aufzutischen.

Nehmen Sie sich für jeden Besuch bestimmte Arbeiten vor. Gehen Sie dabei plan- und maßvoll vor. Potenziell gefährliche Substanzen und Geräte sollten Sie für Kinder unzugänglich aufbewahren. Um Augenverletzungen zu vermeiden, dafür sorgen, dass spitze Stützen oder Ähnliches mit einem Schutz versehen werden. Bei Wasserstellen auf Kindersicherheit achten.

Weisen Sie Ihre Kinder auch auf Gefahren von Gemüse- oder Obstpflanzen hin: Beispielsweise haben Stachel- und Brombeeren spitze Stacheln, Bohnen darf man nicht roh essen, Platt-

Die Erdbeerernte macht großes Vergnügen – solange Sie genügend Pflanzen gezogen haben.

FEBRUAR

1 Schnittarbeiten an Apfel- und Birnbäumen abschließen. 2 Beginnen Sie mit der Aussaat in Innenräumen.
3 Geschützter Rhabarber ist erntebereit. 4 Folie erwärmt den Boden und schützt frühe Ernten.

Diesen Monat ...

Der Februar ist häufig kälter als der Januar, doch die Arbeiten in den Innenräumen, die im Vormonat begonnen und nicht beendet wurden, können im Februar fortgeführt werden.

Bereits zu dieser Jahreszeit kann mit der Aussaat und dem Auspflanzen begonnen werden. Seien Sie jedoch geduldig. Nur wenn der Boden gut dräniert ist und Sie in einer geschützten, milden Gegend leben, ist dies ratsam. Ansonsten wartet man bis zum Frühjahr. Die meisten Gemüsesamen keimen erst bei einer Bodentemperatur ab 7 °C. Werden sie kälter ausgebracht, verderben sie leicht. Aussaaten im Frühjahr und unter besseren Bedingungen holen die jetzt ausgebrachte Aussaat spielend ein und wachsen zu besseren, kräftigeren Pflanzen heran.

Sie können durchaus früh im Freien beginnen, wenn Sie die Erde mit einer Folie abdecken. Unter dieser erwärmt sich die Erde, sie schützt sie vor Staunässe und fördert die Keimung – allerdings auch so mancher Unkräuter. Säen Sie Gemüse deshalb stets in Reihen, damit Sie mögliche Unkräuter leicht erkennen und entfernen können. In Innenräumen kann die Aussaat in einer beheizten Umgebung beginnen, wenn man die richtigen Voraussetzungen schafft.

Im Obstgarten sollten die Blüten früher Aprikosen, Pfirsiche und Nektarinen durch ein Vlies vor Frost geschützt werden. Beenden Sie die Schnittarbeiten an Apfel- und Birnbäumen so bald als möglich. Außerdem ist es ratsam, Netze oder anderen Schutz anzubringen, Vorhandenes zu reparieren oder zu ersetzen. In dieser Jahreszeit können sich Vögel, besonders der Dompfaff, über die jungen Knospen der Obstbäume hermachen und die sommerlichen Ernteerträge erheblich mindern.

Und wenn Sie vorausgedacht und die Rhabarberpflanzen mit einer Glocke geschützt haben, können Sie in die ersten, aromatischen Rhabarberstängel beißen.

Wichtige Arbeiten im Gemüsegarten

• Haben Sie Saatgut aus vergangenen Jahren aufbewahrt, überprüfen Sie, ob dieses noch keimfähig ist. Kleine Samen können einem Keimtest unterzogen werden: Etwa 20 Samenkörner auf feuchtes Küchenpapier legen und an einen warmen Ort stellen. Kontrollieren Sie es nach etwa einer Woche: Keimt weniger als die Hälfte, lohnt es sich nicht, sie aufzubewahren.

• Gelegentlich ist es besser, junge Gemüsepflänzchen oder Sämlinge zu erwerben – das gilt vor allem für gepfropfte Gemüsesorten (z. B. Auberginen, Tomaten). Wälzen Sie jetzt Kataloge und geben Sie Bestellungen auf, denn sie können im Frühjahr schon ausverkauft sein.

• Ab Monatsmitte können Sie Tomaten, Paprika, Auberginen und Gurken für die Anzucht im Glashaus aussäen. Säen Sie in kleinen Töpfen in gutem Kompost aus und lassen Sie das Saatgut in einem beheizten Zimmergewächshaus oder in einem warmen Zimmer bei 21–24 °C keimen.

• Möchten Sie Pflanzen im Freien ziehen oder können Sie die Bedingungen nicht bieten, verschieben Sie die Aussaat bis Mitte März.

• Erbsen unter Schutz auszubringen verschafft diesen einen guten Vorsprung. Statt einer Zimmeraussaat lassen sich Erbsen auch in einer mit Glas oder Folie überdeckten Plastikdachrinne anziehen. Bohren Sie Abzugslöcher in den Rinnenboden und befüllen Sie die Rinne mit gutem Kompost. Sobald die Erbsen bereit zum Auspflanzen sind, kann die gesamte Reihe vorsichtig aus dem Rohr geschoben werden.

• Saatkartoffeln lassen sich vortreiben und bringen erfahrungsgemäß bessere Ernten, besonders Frühkartoffeln. Beim Vortreiben regen Sie das Wachstum der Knollen an, um starke Triebe hervorzubringen, bevor Sie sie ins Freie setzen.

• Legen Sie die Saatkartoffeln mit den Knospenanlagen (Augen) nach oben auf Saattabletts und bewahren Sie sie an einem kühlen, hellen und frostfreien Ort auf. Die Knollen sind ab Ende März bereit zum Auspflanzen.

CHECKLISTE

✔ Sämtliche Januar-Arbeiten lassen sich auch im Februar erledigen.

✔ Säubern Sie Saattabletts, Töpfe und Behälter als Vorbereitung für die Aussaat.

GEMÜSE DES MONATS – KOHL

Vorausplanung ermöglicht das ganze Jahr über Ernten. Es gibt neben grünen auch rote und purpurfarbene Kohlsorten.

Tipps: Säen Sie dünn 1 cm tief in Reihen in Abständen von 15 cm in einem Saatbeet aus. Säen Sie nur wenig und dafür häufig, um eine Erntefolge zu erzielen.

• Sommerkohl vom Spätwinter bis Frühjahr geschützt ausbringen; Winterkohl vom späten Frühjahr bis Frühsommer; Frühlingskohl im Sommer.

• Die jungen Pflanzen werden in einem Abstand von 30–45 cm Abstand ausgepflanzt. Frühjahrskohl in der Reihe in einem Abstand von 10 cm pflanzen; diesen dünnt man im Winter auf einen Abstand von 30 cm aus und nutzt ihn als Grüngemüse. Der Abstand der Reihen beträgt 30 cm.

Februar

»Im Gegensatz zu gekauftem Gemüse
und Obst können wir
Sorten mit dem besten
Aroma auswählen.«

Borschtsch mit saurer Sahne & Schnittlauch

Für 6 Personen

Zubereitungszeit:

1 Stunde 25 Minuten

Zutaten:

750 g rohe Rote Bete, gewaschen

1 Karotte, geschält und gerieben

1 Zwiebel, gehackt

2 Knoblauchzehen, gepresst

1,5 l Gemüsebrühe

4 TL Zitronensaft

2 TL Zucker

1 große Knolle Rote Bete, gekocht

Salz und Pfeffer

Zur Dekoration:

150 ml saure Sahne

1 TL gehackter Schnittlauch

1 Die rohe Rote Bete abschaben (ältere schälen), grob hacken und in eine große Kasserolle geben.

2 Karotte, Zwiebel, Knoblauch, Gemüsebrühe, Zitronensaft und Zucker hinzufügen und mit Salz und Pfeffer abschmecken. Zum Kochen bringen, Hitze reduzieren, die Kasserolle bedecken und 45 Minuten leicht köcheln lassen.

3 In der Zwischenzeit die gekochte Rote Bete in schmale, ca. 3,5 cm lange Stifte schneiden. Bedecken und bis zur Weiterverwendung kühlstellen.

4 Ist das Gemüse in der Suppe weich, durch ein mit Musselin ausgeschlagenes Sieb drücken. Den Rest entsorgen.

5 Die durchgesiebte Flüssigkeit zusammen mit den Rote-Bete-Stiften wieder in die ausgespülte Kasserolle geben. Alles sanft zum Kochen bringen und einige Minuten simmern lassen, bis die Rote-Bete-Stifte erwärmt sind.

6 Je nach Geschmack mit Salz und Pfeffer würzen, in vorgewärmte Suppentassen geben und mit einem Löffel saurer Sahne und gehacktem Schnittlauch garnieren.

Februar

Wichtige Arbeiten im Gemüsegarten

Herbst-Himbeeren sollten im Spätwinter bis auf den Boden zurückgeschnitten werden.

Ruten der Sommer-Himbeeren zu lang geworden sind, auf ein oder zwei Augen über dem oberen Ende ihrer Drahtstützen einkürzen.

• Für eine frühe Erdbeerernte die Pflanzen mit Glasglocken oder Gartenvlies abdecken. Diese bei warmem Wetter während der Blütezeit öffnen, um die Pflanzen für Bestäuber zugänglich zu machen. Kaliumreiche Dünger fördern die Blüten- und Fruchtbildung.

• Bei Bienenmangel die Blüten von Aprikosen, Pfirsichen und Nektarinen manuell bestäuben. Ein kleiner, weicher Pinsel reicht aus, um die Pollen von Blüte zu Blüte zu übertragen.

• Versorgen Sie Obstgehölze mit einem ausgewogenen Universaldünger. Der Dünger sollte über den gesamten Wurzelbereich verteilt werden. Auch eine Zugabe von kaliumreichem Dünger kann hilfreich sein – besonders bei reichfruchtenden Obstpflanzen und solchen, die im Jahr zuvor keine hohen Erträge brachten.

• Obstpflanzen nach dem Düngen mit gut verrottetem Mist oder Gartenkompost mulchen.

• Im Herbst fruchtende Himbeeren bis zum Boden einkürzen (Ausnahme sind Sommer-Himbeeren oder solche mit neuen Ruten), dann mit Komposterde oder gut verrottetem Mist mulchen und anschließend düngen. Falls die

---

CHECKLISTE

✔ Letzte Gelegenheit, um wurzelnackte Obstgehölze zu pflanzen – diese Tätigkeit sollte bis Monatsende abgeschlossen sein.

✔ Winterliche Schnittmaßnahmen beenden.

✔ Rhabarberstauden vortreiben.

FRUCHT DES MONATS – APFEL

Äpfel finden nicht nur in der Küche vielfach Verwendung, die Bäume sind auch im Garten sehr anpassungsfähig. Apfelbäume sind das unkomplizierteste Obstgehölz und können dank vieler Zwergstammsorten auf kleinstem Raum wachsen.

Tipps für Äpfel: Bei der Auswahl der Äpfel sollten Sie auf heimische und alte Sorten zurückgreifen. Apfelbäume werden in der Regel auf eine Wurzelbasis gepfropft, um ihre Höhe zu kontrollieren.

M27: mit einer maximalen Höhe von 1,80 m extrem schwachwüchsig.

M9: mit einer Höhe von 2–2,5 m schwachwüchsig; für Topfbäume oder frei stehende Exemplare.

M26: Halb-Zwergwuchs, das Beste für Container und Spalier.

Februar

»Früher, vorgetriebener Rhabarber ist das erste herrliche, rosafarbene Gemüseobst und erheblich süßer als spätere Stangen.«

Bestäubung von Obstgehölzen

Einige Obstgehölze benötigen zur Fruchtbildung eine Kreuzbestäubung mit einer anderen Sorte derselben Art, die zur gleichen Zeit blüht.

Erkundigen Sie sich vor dem Kauf eines Obstgehölzes nach den Bestäubungsbedingungen. Orientieren Sie sich an den benachbarten Gärten, um zu sehen, ob dort Obstgehölze stehen, welche die Blüten Ihrer Bäume befruchten können. Bestäubende Bienen haben einen Flugradius von etwa drei bis zu fünf Kilometern. Einige Sorten sind selbstbestäubend (sb). In diesem Fall benötigen Sie lediglich ein Exemplar.

Birnenblüten

Bestäubungsgruppen

Obstgehölze werden in Bestäubungsgruppen, abhängig von der Blütezeit, eingeteilt. Wählen Sie Bäume aus gleichen oder verwandten Gruppen. Es gibt selbstbestäubende (sb) Sorten sowie zum Teil selbstbestäubende (tsb) und unfruchtbare (uf) Sorten.

Äpfel

Die meisten Sorten gehören zu drei Bestäubungsgruppen. Triploide Sorten (drei Chromosomensätze im Zellkern) eignen sich nicht zur Fremdbestäubung. Für ihre Bestäubung benötigt man zwei diploide befruchtende Sorten.

Gruppe 1: 'Beauty of Bath', 'Egremont Russet', 'Idared', 'Lord Lambourne', 'McIntosh', 'Reverend W. Wilks', 'Ribston Pippin'

Gruppe 2: 'Arthur Turner', 'Blenheim Orange' (tri), 'Bountiful', 'Bramley's Seedling' (tri), 'Charles Ross', 'Cox's Orange Pippin'**, 'Discovery', 'Elstar', 'Falstaff', 'Fiesta', 'Fortune', 'Granny Smith', 'Greensleeves', 'James Grieve', 'Jonagold' (tri), 'Jonathan', 'Katja' (syn. 'Katy'), 'Kidd's Orange Red'**, 'Lane's Prince Albert', 'Red Devil', 'Scrumptious', 'Spartan', 'Sunset', 'Worcester Pearmain'
** nicht kompatibel, obwohl dieselbe Gruppe

Gruppe 3: 'Ashmead's Kernel', 'Ellison's Orange', 'Gala', 'Golden Delicious', 'Lord Derby', 'Pixie', 'Tydeman's Late Orange', 'Winston'

Birne

Es gibt drei Gruppen bei der Birne.

Früh: 'Louise Bonne of Jersey', 'Packham's Triumph'

Mittel: 'Beurré Hardy', 'Concorde', 'Confereance' (sb), 'Merton Pride' (tri), 'Fertility', 'Williams', 'Bon Chrétien'

Spät: 'Beth', 'Catillac' (tri), 'Onward', 'Glou Morceau', 'Vereinsdechantsbirne'

Kirschen

Es gibt sechs Süßkirsch- und fünf Sauerkirschgruppen. Die meisten Süßkirschen gehören zur Gruppe 4.

Süßkirschen: 'Bigarreau Napoleon' (uf), 'Sunburst' (sb), 'Stella' (sb), 'Summer sun' (sb), 'Lapins' (sb).

Pflaumen, Zwetschgen & Renekloden

Diese Früchte gehören 5 Gruppen an.

Gruppe 1: Reneklode: 'Jefferson' (uf)

Gruppe 2: Reneklode: 'Denniston's Superb' (sb)

Gruppe 3: Pflaume: 'Czar' (sb), 'Laxton's Delight' (tsb), 'Opal' (sb), 'Pershore' (sb), 'Victoria' (sb); Reneklode: 'Golden Transparent' (sb)

Gruppe 4: Zwetschge: 'Farleigh Damson' (tsb), 'Prune Damson' (sb); Reneklode: 'Cambridge Gage' (tsb), 'Oullins Gage' (sb)

Gruppe 5: Pflaume: Marjorie's Seedling' (sb)

Februar

Obstgehölze

Obstgehölze bilden eine dauerhafte Kulisse im Garten. Daher lohnt es sich, die Behandlungsprinzipien zu verstehen, nicht nur um die Früchte Ihrer Arbeit ernten zu können.

Pflanzverfahren

Containerware kann jederzeit gepflanzt werden. Wurzelnackte Ware ist billiger, wird jedoch nur vom Spätherbst bis Winter gepflanzt.

• Heben Sie eine Pflanzgrube aus, die größer ist als der Wurzelradius, und stellen Sie die Wurzeln hinein, sodass die Oberseite des Ballens mit dem Boden abschließt. Die Veredelungsnarbe am Stamm befindet sich ca. 10 cm über dem Boden. Verfüllen Sie die Grube mit Erde, unter die Kompost und etwas Knochenmehl gemischt wurde. Pressen Sie gefühlvoll den Boden fest, wässern und mulchen.

• Freistehende Bäume benötigen eine Stütze.

• Wurzelnackte Gehölze erhalten am besten eine Stütze, die bereits vor dem Pflanzen in den Boden gerammt wurde. Containerware benötigt eine diagonale Stütze von 45 Grad, die nach der Pflanzung eingesetzt wird – damit vermeidet man Schäden am Wurzelballen. Binden Sie den Baum mit dem üblichen Bindematerial an die Stütze.

Schnittmaßnahmen

Der Schnitt ist der Schlüssel zur guten Ernte. Unterschiedliche Bäume benötigen einen Schnitt zu einem unterschiedlichen Zeitpunkt; Steinfrüchte sollten nur vom Frühjahrsende bis Spätsommer beschnitten werden, um sie vor Krankheitsinfektionen zu schützen.

• Durch den Schnitt wird die Größe reduziert. Zwergsorten sollten verwendet werden, um Schnittmaßnahmen zu mindern.

• Ein guter Schnitt stabilisiert Krone und Baum. Unbeschnittene Zweige werden zu schwer und brechen bei zu hoher Fruchtlast. Ein Schnitt schafft eine offenere, auch innen besonnte Krone.

Der Schnitt bietet Gelegenheit, totes, beschädigtes und krankes Holz zu entfernen. Obstbäume sind anfällig für Krebs!

• Der Schnitt von vergreisenden Kronenpartien trägt zur Verjüngung bei und fördert den Austrieb frischer, gesunder Triebe. Bei zu massiven Eingriffen allerdings produziert der Baum zu viel Neuaustrieb auf Kosten der Fruchtbildung.

• Formschnitte erziehen das Obstgehölz zur gewünschten Gestalt, z. B. zu Kordons, Palmetten und Fächern.

Empfehlungen zum Schnitt

• Schneiden Sie mit einer Garten- oder Baumschere über einer Knospe so, dass der Schnitt davon wegführt und leicht angeschrägt ist.

• Große Äste müssen abschnittsweise mithilfe einer Astsäge entfernt werden, sodass das Gewicht des Astes nicht die Rinde aufreißt. Beim letzten Schnitt schneidet man den Ast ein Viertel von unten an und führt den letzten Schnitt von oben, sodass der Astring (der Übergang vom Astholz zum Stammkragen) unversehrt bleibt, was eine rasche Heilung begünstigt.

Links Beim Pflanzen dafür sorgen, dass die Pfropfstelle über dem Boden bleibt. **Oben** *Pflaumenblüte*

März

1 | 3

2 | 4

1 Beginnen Sie mit der Aussaat empfindlicher Samen in Innenräumen.   2 Samen in Rillen in gut vorbereiteter Erde verteilen ...
3 ... oder die Samen in die Handfläche legen und vorsichtig in die Erde gleiten lassen.   4 Zwiebelsetzlinge ausbringen.

Diesen Monat ...

Nun wird es im Garten zum ersten Mal richtig aufregend. Es ist der erste Monat, in dem die Aussaat drinnen und draußen stattfinden kann. Allerdings sollten Sie nichts überstürzen und stets auf die Wetterbedingungen achten.

Es ist wesentlich vorteilhafter, die meisten Gemüsesorten in kleinen Mengen und dafür öfter auszubringen, als alles auf einmal. Auf diese Weise können Sie kontinuierlich ernten. Sie vermeiden, dass massenhaft Gemüse anfällt, das Sie nicht verbrauchen können, und lange Zeiträume ohne Ernte entstehen.

Die Kunst des Gärtners besteht darin, zu wissen, wie viel, wie oft und wann ausgesät werden soll. Dies gehört zu den Dingen, die man nur durch eigene Erfahrung lernt – daher der Ausdruck »grüner Daumen« –, doch ein gutes Gartenbuch ist immer hilfreich.

Spätfröste und kalte Witterung können jungen Sämlingen schnell den Garaus machen. Es ist daher ratsam, Glasglocken und Vlies bereitzuhalten, um die Sämlinge bei Bedarf zu schützen. Vlies schützt vor Temperaturen bis -5 °C.

Eine weitere Kunst ist es, zu wissen, wann die Saat im Haus erfolgen muss, damit die Pflanzen kräftig und widerstandsfähig ins Freiland kommen. Lässt man die Sämlinge zu lange im Haus, verweichlichen sie, die Wurzeln verfilzen und die Pflanzen werden mattwüchsig. Pflanzt man zu früh aus, sind sie vielleicht ungünstiger Witterung ausgesetzt.

Frost kann auch die Blüte frühblühender Aprikosen-, Pfirsich- und Nektarinenbäume schädigen. Sie sollten daher bei Frostgefahr möglichst mit Vlies geschützt werden. Fehlen bestäubende Insekten, müssen die Bäume von Hand mit einem weichen Pinsel bestäubt werden.

Wichtige Arbeiten im Gemüsegarten

• Versuchen Sie, Grabarbeiten bei nasser Witterung möglichst zu vermeiden. Wenn Sie mit nasser Erde arbeiten, legen Sie ein Holzbrett aus, das Ihr Gewicht verteilt. Treten Sie nicht in das Beet, damit Sie nicht die Erde verfestigen.

• Aussaatbeete vorbereiten: Arbeiten Sie die Erde mit einem Handkultivator durch und rechen Sie sie, um die feine Krümelstruktur der Erde zu verteilen. Werden Saatbeete mit Vlies vor der Aussaat abgedeckt, erwärmen diese die Erde und beschleunigt das Auskeimen.

• Jetzt können zahlreiche Gemüsearten bereits direkt ins Freie ausgesät werden – besonders in milden Klimaregionen mit leichten Böden, z. B. Rote Bete, Dicke Bohnen, Küchen-Zwiebeln, Karotten, Kohlrabi, Lauch, Kopfsalat, Pastinaken, Erbsen, Rettich, Blattsalate, Schalotten, Spinat, Sommerkohl, Mangold und Kohlrüben.

• Die meisten der oben genannten Gemüsearten können auch in Saattabletts, Töpfen oder Anzuchtkästen im Glashaus oder Wintergarten ausgesät werden, um sie später, sobald sie groß und kräftig genug sind, ins Freibeet zu setzen. Dies ist eine praktikable Methode, um frühe Ernten zu erreichen – besonders wenn die

Temperaturen für eine Aussaat direkt ins Beet noch zu niedrig sind.

• Gartenvlies kann Frühaussaaten schützen. Einige Gemüsesorten, z. B. Rote Bete, sollten wegen der Schossgefahr (vorzeitige Fruchtbildung) nicht zu früh und ohne Schutz ausgebracht werden. Andere Sorten werden in der Kälte mattwüchsig und damit wenig ertragreich.

CHECKLISTE

✔ Stützen für Erbsen aufstellen. Dazu können entweder Zweige oder andere Rankhilfen verwendet werden.

✔ Saatkartoffeln weiter vortreiben. In milden Klimazonen können diese gegen Monatsende in die Erde gesetzt werden. Bei häufigem Frost oder in kälteren Gegenden sollte besser bis April gewartet werden.

✔ Sorgen Sie für ausreichend Saatvorrat Ihrer Lieblingssorten.

✔ Letztes Pflanzen von Topinamburknollen.

✔ Frühjahrskohl mit stickstoffreichem Dünger düngen.

GEMÜSE DES MONATS – BROKKOLI

Tipps: Es gibt im Wesentlichen drei Sorten Brokkoli – 'White und Purple Sprouting' und 'Calabreser'. Die Sprouting-Sorten sind frosthart, die 'Calabreser' werden im Herbst geerntet. Im Sommer gelegentlich mit Flüssigdünger düngen.

• Die Sprouting-Sorten in einem Saatbeet dünn in 1 cm tiefe Rillen und in einem Reihenabstand von 15 cm aussäen. Sämlinge auf einen Abstand von ca. 7–8 cm ausdünnen. 'Calabreser' wird am besten an seinem endgültigen Platz ausgesät. Nur wenig, dafür öfter während des Frühjahrs und Sommers aussäen, um für ca. 10 Monate durchgehend zu ernten.

• Ist der Brokkoli 10–15 cm hoch, im Abstand von 45 cm ins Beet auspflanzen. Den direkt ins Beet ausgesäten 'Calabreser' auf Abstände von 30 cm ausdünnen.

»Nichts ist zufrieden-
stellender, als Samen
in die Gartenerde
auszubringen und
schon Tage später
die ersten Sämlinge
sprießen zu sehen.«

Wassermanagement

Alle Pflanzen benötigen Wasser und sind darauf angewiesen, dass sie besonders während der heißen, trockenen Perioden damit versorgt werden. Für Kleingartenvereine ist aber der sparsame Einsatz von Ressourcen und damit der Wasserversorgung ein Umweltthema, das an Bedeutung gewinnt.

Das ist der Grund, weshalb es für Gärtner so wichtig ist, Maßnahmen zur Wassereinsparung und -speicherung zu ergreifen.

Nicht alle Nutzpflanzen müssen gewässert werden, einige nur während bestimmter

Wachstumsphasen, z. B. bei der Saatkeimung und in den Phasen der Sämlingsentwicklung.

Fruchtgemüse benötigt vor allem während der Blüte und des Heranreifens Wasser. Kartoffeln werden nur gegossen, solange die Knollen wachsen.

Obst, besonders Obstbäume, benötigen dank ihrer tief gehenden Wurzeln meistens keine Bewässerung, auch wenn sie während ausgedehnter Trockenperioden gründliches Wässern durchaus schätzen. Und die Betonung liegt hier auf »gründlich«: Wenige und häufige Wassergaben richten mehr Schaden an, als sie Gutes tun, da sie die oberflächliche Wurzelbildung fördern, die dazu neigt, schneller auszutrocknen.

Auffangen

• Haben Sie in Ihrem Kleingarten einen Schuppen, dann ist es sinnvoll, daran eine Regentonne oder einen Wassertank aufzustellen, um das Dachwasser aufzufangen und zu speichern.

• Wässern Sie Gemüse ausschließlich nach seinem tatsächlichen Bedarf.

Speichern

• Leichte, sandige Böden trocknen schnell aus. Verbessern Sie daher die Wasserspeicherfähigkeit der Erde, indem Sie gut verrottetes organisches Material, Bentonit oder wasserspeicherndes Gel in ausreichender Menge untermischen.

• Das Mulchen der Pflanzen hilft ebenfalls. Sogar frischer Grasschnitt ist ein gutes Material, besonders, wenn man ihn auf Zeitungspapier ausbringt. Allerdings sollte der Grasschnitt nicht mit Stämmen oder Pflanzenstielen in Berührung kommen.

• Für durstige Pflanzen Gräben ausheben und diese mit organischem Material, zerkleinertem Zeitungspapier oder Pappe füllen – mit allem, das Wasser aufnimmt und hält.

Das Regenwasser von Schuppen kann mithilfe von Wassertonnen gesammelt werden.

März

Wichtige Arbeiten im Obstgarten

• Der März ist noch eine gute Zeit, um Obstsorten als Containerware zu pflanzen. Eile ist dabei geboten. Im fortlaufenden Frühjahr und im Sommer, in trockener werdender Zeit, benötigen Jungpflanzen mehr Wasser als jene, die im Herbst gepflanzt wurden. Je später Sie pflanzen, desto länger müssen Sie auf die erste Ernte warten.

• Sorgen Sie für ein gut aufbereitetes Substrat mit reichlich organischem Material wie Gehölzkompost, verrottetem Mist oder Kompost. Vermischen Sie noch mehr organisches Material mit dem Aushub des Pflanzlochs und geben Sie einen Universaldünger dazu.

• Jetzt ist die Zeit, um junge Erdbeerpflanzen zu setzen. Blüte und Fruchtbildung beschränken Sie, indem Sie die meisten, wenn nicht alle der diesjährigen Blüten entfernen, da die Pflanzen zunächst gut einwachsen sollen. Fruchten die Pflanzen zu sehr im ersten Jahr, fällt die Ernte im Folgejahr nur mäßig aus.

• Für eine frühe Ernte die Pflanzen mit Glocken oder Vlies abdecken. Den Schutz während der wärmsten Stunden des Tages abnehmen, damit Insekten die Pflanzen bestäuben können.

Blaubeeren benötigen saure Böden, können jedoch mit Rhododendronerde in Töpfen gezogen werden.

Kaliumhaltige Dünger (wie Rosendünger) fördern Blüten- und Fruchtbildung.

• Bestäuben Sie Erdbeerblüten unter Glas mit einem weichen Pinsel.

CHECKLISTE

✔ Düngen und Mulchen sämtlicher Obstgehölze beenden.

✔ Containerpflanzen düngen; Zitrusobst mit Zitrus-Dünger für den Sommer düngen.

✔ Wassergaben bei Containerobst erhöhen.

FRUCHT DES MONATS – SCHWARZE JOHANNISBEERE

Schwarze Johannisbeeren haben einen hohen Vitamin-C-Gehalt. Sie können roh gegessen werden, schmecken jedoch auch gut in Kuchen oder als Marmelade.

Tipps: Die unkomplizierten Pflanzen fruchten auch im Halbschatten. Die 'Ben'-Sorten sind sehr frosthart.

• Um die Pflanze als Busch zu erziehen, ca. 6–15 cm tiefer pflanzen als ursprünglich kultiviert, sodass sie alljährlich zahlreiche Triebe bildet, die in den Folgejahren fruchten. Den Busch nach dem Pflanzen bis zum Boden zurückschneiden. Hat er schon Laub, warten Sie damit bis zum Spätherbst.

• Jährlich ab Spätherbst einen der älteren Zweige bis zum Boden zurückschneiden. Ziel ist es, junge Triebe zu fördern.

»Fast jede Obst- und
Gemüsesorte kann
in Behältern gezogen
werden, machen Sie
daher das Beste daraus –
auch auf kleinstem
Raum.«

Erdbeeren in 60 Tagen

Auch wenn die meisten Erdbeerpflanzen erst im zweiten Jahr gute Ernte tragen, ist eine Ernte bereits nach 60 Tagen möglich. Dazu muss man Pflanzen erwerben, die einer besonderen Frostbehandlung unterzogen wurden. Diese sind von März/April bis Ende Juli erhältlich und tragen innerhalb von 60 Tagen Früchte – vorausgesetzt, sie wurden zwischen Mai und Juli ins Freie gepflanzt. Werden sie vor Mai ins Beet gesetzt, fruchten sie in 90 Tagen.

Erdbeeren aus Eigenanbau schmecken oft deutlich besser als gekaufte Ware.

Die Erntesaison kann durch Anpflanzen einer breiten Palette von Sorten erweitert werden, die zu unterschiedlichen Zeiten im Jahr fruchten. Erdbeerpflanzen werden in früh-, mittel- und spätfruchtende Sorten unterteilt. Dauerfruchtende Sorten, wie z. B. Monatserdbeeren, garantieren mindestens zwei Ernten im Sommer.

Umgehen Sie hohe Ladenpreise, indem Sie Ihr eigenes Erdbeerbeet im Kleingarten anlegen.

Graben Sie ein Loch, in dem sich die Wurzeln entlang jeder Reihe ausbreiten können. Anschließend mit Erde so auffüllen, dass sich das Herz über dem Bodenniveau befindet.

Möchten Sie noch früher ernten, stülpen Sie eine Glasglocke über eine frühe Sorte, sobald die Pflanzen Blüten ansetzen. Für eine noch frühere Ernte geben Sie im Herbst Pflanzen in Töpfe und ziehen Sie diese über den Winter bis ins Frühjahr in einem Glashaus.

März

Rhabarber-Pie

Für 6–8 Personen

Zubereitungszeit:

55–60 Minuten

Zutaten:

Mürbeteig

250 g Auszugsmehl

125 g kalte, süße Butter, in Würfel geschnitten

25 g Puderzucker

1 Eigelb

1 Eiweiß, geschlagen, mit Puderzucker zur Glasur

Füllung

750 g Rhabarber, geschält und in Scheiben geschnitten

25 g süße Butter

50 g Muscovadozucker (brauner Rohrzucker aus Mauritius)

1 Ofen auf 200 °C vorheizen. Mehl in eine Schüssel geben. Butter hinzufügen und mit den Fingerspitzen vermischen, bis die Masse krümelig ist. Zucker, Eigelb und genügend kaltes Wasser (3–4 Esslöffel) dazugeben, bis ein fester Teig entsteht.

2 Teig auf leicht bemehlter Fläche kurz durch-kneten. Zu einem Kreis von 35 cm Durchmesser auswalzen. Den Teig in eine Quicheform von 23 cm Durchmesser legen.

3 In die Mitte Rhabarber geben, mit Butter bedecken und mit Muscovadozucker bestreuen. Den Teigüberstand über die Füllung schlagen. Dabei bleibt ein Teil der Füllung unbedeckt.

4 Den Teig mit Eiweiß bestreichen und mit Puderzucker glasieren. 30–40 Minuten im Ofen backen, bis der Teig goldgelb ist. Warm servieren.

Rhabarber im Dunklen vorzutreiben erzeugt die schmackhaftesten und saftigsten Stiele.

Wurzelgemüse

Wurzelgemüse speichert in seinen Rüben oder
Knollen Reservestoffe wie Stärke, die wir dann
essen.

Bodenvorbereitung

Sämtliches Wurzelgemüse bevorzugt tiefe, gut
umgegrabene, die Feuchtigkeit haltende Böden,
mit einem Anteil gut verrotteten organischen
Materials. Letzteres kann aus eigenem Gartenkompost, Mist, Laubmulch oder verbrauchtem
Kultursubstrat für Pilze bestehen. Die Betonung
liegt auf *gut* verrottet. Zu frischer Mist führt zu
unerwünschter Verzweigung des
Wurzelgemüses. Am besten arbeitet man das
organische Material im Herbst in den Boden ein,
damit es gründlich verrotten kann. Die einzige
Ausnahme sind Kartoffeln. Bei ihnen kann das
organische Material bereits bei der Pflanzung
zugesetzt werden.

Zwei Wochen vor der Aussaat oder Pflanzung
kann ein Langzeitdünger untergerecht werden.

Im Allgemeinen wächst Wurzelgemüse in leichten Böden schwächer. Diese trocknen im
Sommer schneller aus, was zu Minderernten
führt, die Wurzeln oder Knollen bilden Risse
oder Schossen, werden holzig und sind nicht
aromatisch. In steinigen Böden verformt sich
das Wurzelgemüse oft. Es ist daher ratsam, so
viele Steine wie möglich zu entfernen. Auf
schweren Böden sollte man gestauchtwüchsige
Sorten bevorzugen, da diese nicht tief reichen.

Bewässerung

Wurzelgemüse muss in ausgedehnten Trockenperioden regelmäßig gewässert werden. Bei
unregelmäßigem Gießen kann Wurzelgemüse
aufplatzen, weniger Aroma und Saft entwickeln.
Das organische Material im Boden sollte helfen,
Fluktuationen dieser Art auszugleichen.

Aufzucht aus Saatgut

Aus Saatgut gezogenes Wurzelgemüse nimmt
die Verpflanzung oder Störungen während der

*Die Aussaat von Samen des Wurzelgemüses erfolgt in
Reihen weit verteilt in gut vorbereitete Böden.*

Wachstumsphase übel. Es ist daher ratsam, die
Samen dünn auszubringen, um ein Ausdünnen
zu vermeiden. Alternativ kann man in dem
empfohlenen endgültigen Abstand eine
Gruppensaat ausbringen und dann vorsichtig
die schwächsten Sämlinge entfernen.

Die Sämlinge zum frühestmöglichen Zeitpunkt
ausdünnen: Wenn sie zu lange dicht stehen,
leidet besonders die Wurzelentwicklung.

Eine verfrühte Aussaat bei ungünstigen Boden-
und Witterungsbedingungen führt nicht nur zu
unterentwickeltem Gemüse, sondern auch zur
Schossenbildung. Man sollte die Aussaat daher
gegebenenfalls hinauszögern. Alternativ kann
man den Boden vor der Aussaat für einige
Wochen erwärmen, indem man ihn mit
Gartenfolie, -vlies oder Glocken abdeckt. Ebenso
gut können Samen drinnen in Saatpaletten
oder Anzuchtplatten gezogen werden.

Gut kultivierte Kartoffeln bringen reiche, gut lagerfähige Ernten.

Der Instant-Gemüsegarten

Gelegentlich ist es besser, junge Gemüsepflanzen zu kaufen, als sich die Mühe mit der Aufzucht aus Saatgut zu machen.

Ist man so weit, dann benötigt man im Frühjahr die richtigen Bedingungen, damit die Pflanzen vor dem Aussetzen in den Garten gedeihen. Diese bestehen aus viel Licht und günstigen Temperaturen von 10–12 °C. Das heißt, es muss entweder ein Glashaus, ein Wintergarten oder ein breites Fensterbrett mit ausreichend indirektem Sonnenlicht vorhanden sein – jedoch ohne direkte Sonneneinstrahlung, die die Pflanzen verbrennt.

Die meisten Saatgutfirmen liefern durch Versand. Allerdings lässt sich Vergessenes oft durch den Zukauf von Jungpflanzen in Gärtnereien ergänzen (siehe Adressen im Anhang).

Davon abgesehen bieten Gärtnereien im Sommer kräftigere und größere Pflanzen an – nützlich, wenn Sie Anzuchtprobleme hatten.

Im zeitigen Frühjahr sind die Pflanzen zu klein oder zu empfindlich, um direkt ins Beet an den endgültigen Platz gesetzt zu werden. Sie werden daher besser in gutem Kompost in Töpfe in einem Innenraum gesetzt. Bevor die Pflanzen ins Freie ausgebracht werden können, müssen sie zuvor gedüngt und 10–14 Tage an die härteren Bedingungen gewöhnt werden (sogenanntes Abhärten).

Zu Hause

• Nachdem Sie Ihre Sendung erhalten bzw. Ihre Pflanzen nach Hause gebracht haben, entfernen Sie die Verpackung (Versandware trifft meist in gepolsterten Paketen oder Mini-Gewächshäusern ein), wässern Sie sie gut und stellen sie an einen warmen, lichten Ort, damit sie sich von der anstrengenden Anlieferung erholen können.

• Die Jungpflanzen aus ihren Töpfen zu ziehen, kann deren Wurzeln schädigen.

• Nach dem Pflanzen den Boden gut wässern und anschließend regelmäßig gießen, um den Boden gleichmäßig feucht zu halten.

• Geht man mit Sämlingen und Jungpflanzen um, hält man diese immer an einem Blatt oder Wurzelballen – niemals am leicht verletzlichen Stängel.

Welche Größe?

Junge Pflanzen werden in unterschiedlichen Wachstumsstadien angeboten:

Sämlinge: Im Frühjahr sollten diese in Anzucht-, Multitopf-Platten oder -modulen keimen und im Sommer direkt ins Beet gepflanzt werden.

Setzlinge: Diese sind im Frühjahr in unterschied-lichen Größen erhältlich. Sie müssen vor dem Auspflanzen in kleine Töpfe (7,5–10 cm Durch-messer) gesetzt werden.

Jungpflanzen: Im Frühjahr werden sie vor dem Auspflanzen ins Beet abgehärtet. Im Sommer können sie direkt an ihren endgültigen Standort gesetzt werden.

Junge Lauchpflanzen sollten in 15 cm tiefe, mit einem Setzstab erzeugte Löcher gesetzt werden.

Der Besitzer dieses Kleingartens wird für seine gepflegten, unkrautfreien Beete belohnt werden.

April

1 Gute Ernte bringt die Topfaussaat mit reichem Gartenkompost in mäßiger Wärme.
2 Maisaussaat in Aussaatplatten in Innenräumen. **3** Zwiebelsamen werden in flache Rillen in gut vorbereitete Erde gegeben.
4 Das meiste Gemüse kann jetzt direkt in die Beete ausgesät werden.

Diesen Monat ...

War der März schon hektisch, kann der April regelrecht stressig werden. April ist vermutlich für den Kleingärtner der alles entscheidende Monat im Jahr. Glücklicherweise reicht die länger werdende Tagesdauer, um die meisten Arbeiten im Freiland erledigen zu können.

Eine breite Auswahl an Obst und Gemüse kann im Freien ausgesät werden. Und während die Saat keimt und sprießt, muss viel ausgedünnt (es sei denn, Sie haben vorausschauend nicht zu dicht ausgesät) und vorsichtig herausgepflegt werden – damit alles hoffentlich gut wächst und gedeiht.

Es gibt sogar noch weitere Nutzpflanzen, die in Innenräumen bei sanfter Wärme ausgesät werden können. Etliche Sämlinge, die drinnen oder unter Glas ausgesät wurden, müssen in kleine Töpfe oder Anzuchtplatten pikiert oder gegen Ende des Monats bei günstigem Wetter sogar ins Freie ausgepflanzt werden. Pflanzen sollten zuvor allerdings langsam und vorsichtig abgehärtet werden. Wir mögen schließlich auch nicht einfach in die Kälte hinausgehetzt werden, nachdem wir endlose Tage am Kaminfeuer verbracht haben.

Eine frühe Obstblüte erfordert oft Schutzmaßnahmen vor Spätfrösten. Sie können sich von Rekordernten verabschieden, wenn die jungen Früchte in ihrer Entwicklung geschädigt werden. Die Pflanzen mit Vlies abzudecken, schafft Abhilfe.

Allerdings ist dieser Monat auch die Zeit, in der sich Schädlinge, Krankheiten und Unkräuter einstellen. Sparsame, aber regelmäßige Pflege verhindert ein Überhandnehmen. Versuchen Sie ein paar Minuten täglich nach dem Rechten zu sehen, notfalls mit Hacke, denn mit Unkrautsämlingen hat man dann noch ein leichtes Spiel.

Wichtige Arbeiten im Gemüsegarten

• Fast jedes Freilandgemüse kann in diesem Monat ausgesät werden. Säen Sie dünn innerhalb der Reihe aus, um das Ausdünnen zu minimieren. Alternativ sät man zwei oder drei Samen im endgültigen Abstand und entfernt die schwächeren Sämlinge, falls mehr als ein Samen keimt.

• Kohlsorten zur Jungpflanzenanzucht in eigene Saatquartiere ausbringen, die man später in die Beete auspflanzt, wo sie im Mai oder Juni geerntet werden sollen. Diese schließen Brokkoli, Blumenkohl und andere Kohlsorten ein. Für die Aussaat von Rosenkohl ist es zu spät, doch junge, gekaufte Pflanzen können ins Freie gepflanzt werden.

• In milden Klimaregionen werden gegen Monatsende Gartenbohnen und Mais unter Glocken oder Vlies ins Freie gesetzt. In kälteren Gegenden sollte man damit bis Mai warten oder zunächst in Innenräumen aussäen und erst bei wärmeren Temperaturen ins Freiland aussetzen.

• Paprika, Tomaten, Gurken, Auberginen, Sellerie, Zucchini, Kürbisse und Gartenbohnen werden in mäßig temperierten, hellen Innenräumen angezogen. In kälteren Gebieten

Salatpflanzen müssen vorsichtig ausgedünnt werden.

geschieht dies bei Gartenbohnen besser in einem Frühbeet.

• Tomaten und andere Sämlinge in kleine Töpfe setzen, sobald sie echte Blätter über den rundlicheren Keimblättern gebildet haben. Heben Sie sie mit einem Setzstab oder Ähnlichem vorsichtig aus der Anzuchterde. Greifen Sie dabei die Pflanzen an den Blättern anstatt am leicht verletzlichen Stiel. Nach dem Umsetzen gut wässern und bei einer Temperatur von mindestens 12–15 °C ziehen.

GEMÜSE DES MONATS – SPARGEL

Selbst gezogener Spargel ist ein wahrer Luxus. Sind die Stauden eingewachsen, bringen sie viele Jahre Erträge und benötigen dabei kaum Pflege.

Tipps: Beste Erträge bringen einjährige Pflanzen oder »Kronen« einer männlichen F1-Varietät.

• Heben Sie einen 30 cm breiten und 20 cm tiefen Graben aus. Arbeiten Sie gut verrotteten Mist in den Boden ein, geben Sie anschließend den Aushub darüber und häufeln diesen etwa 10 cm hoch an. Legen Sie die Kronen darauf und breiten Sie die Wurzeln in Abständen von 30–45 cm aus. Mit Erde bedecken, sodass nur die Knospenspitzen frei bleiben.

• Geben Sie jährlich eine dicke Mulchschicht und ein Universaldünger-Granulat im zeitigen Frühjahr darüber.

April

»Ziehen Sie Stangen-
bohnen, Mais und
Kürbisse in Mischkul-
tur, um den verfügba-
ren Platz optimal aus-
zunutzen – diese
Gemüsesorten sind als
die 'Drei Schwestern'
bekannt.«

Erbsen in flache Rillen im ebenen Beet aussäen.

• Frühkartoffeln zu Monatsbeginn auspflanzen. In den meisten Gegenden sollte man mit den späteren Sorten bis zur zweiten Aprilhälfte warten. Kartoffeln pflanzt man in tiefe Rillen oder in einzelne Pflanzlöcher mit einer Erdabdeckung von 5–7,5 cm. Alternativ kann man sie auch durch Schlitze in einer schwarzen Abdeckfolie einpflanzen.

• Haben Sie im vergangenen Monat Saatkartoffeln gesetzt, können diese jetzt angehäufelt werden, um die Triebe vor Frost zu schützen. Dabei häufelt man die Erde um die Triebe an und lässt davon nur 5 cm unbedeckt, sodass die Pflanze genug Laub ausbilden kann, um

weiterzuwachsen. Erst bei Frostgefahr bedeckt man sie komplett in einer Höhe von 25 cm. Kartoffeln, die unter schwarzer Folie wachsen, müssen nicht angehäufelt werden.

• Bei Frost die Triebe mit Gartenvlies schützen.

• Spargelkronen pflanzen. Eine gute, dränierte Erde mit einem hohen Anteil an organischem Material ist für langjährige Ernten ideal.

• Dieser Monat ist ideal für die Aussaat von Erbsen. Ziehen Sie eine flache Rille von 5 cm Tiefe und bringen Sie die Saat in einem Abstand von 7,5 cm aus.

• Vorgetriebene Dicke Bohnen können ins Beet gepflanzt werden. Hohe Sorten abstützen. Stecken Sie dazu Bambusstäbe an die Enden der Rillen und spannen Sie dazwischen eine Schnur über den Pflanzen.

• Pflanzen – besonders junge Exemplare – regelmäßig nach Schädlingsbefall und Krankheitssymptomen absuchen. Ein Läusebefall kann leicht außer Kontrolle geraten, und Flohkäfer befallen ein breites Spektrum an Sämlingen.

• Schnecken können vor allem bei feuchter Witterung ein Problem sein.

• Gelbe Kohlblätter entfernen, um Schimmel und Mehltaubefall zu verhindern.

• Die Umfallkrankheit von Sämlingen kann bei der Aussaat in Container Schwierigkeiten bereiten. Die Ausrüstung deshalb gründlich reinigen.

CHECKLISTE

✔ Das Auspflanzen von Schalotten, Knoblauch und Zwiebeln beenden.

✔ Pflanzfurchen für Stangenbohnen und Sellerie vorbereiten, falls nicht schon im vergangenen Monat geschehen.

✔ Vlies, Folien und Glasglocken für den Frost- und Kälteschutz von Frühaussaaten.

✔ Pflanzen durch Netze oder andere Abdeckungen vor Vögeln schützen.

April

Zwiebeltarte

Für 4–6 Personen

Zubereitungszeit:

50–55 Minuten

Zutaten:

Mürbeteig

175 g selbstaufgehendes Vollkornmehl (mit Hefezusatz)

75 g kalte Butter, gewürfelt

2 EL gehackte Petersilie

2 TL gehackten Thymian

2–3 EL Zitronensaft

Füllung

500 g Schalotten, geschält

25 g Butter

2 EL Olivenöl

2 TL Muscovadozucker

Salz und Pfeffer

1 Für den Teig das Mehl in eine Schüssel geben. Butter hinzufügen und mit den Fingerspitzen einarbeiten, bis die Mischung feinen Brotbröseln gleicht. Mit Petersilie, Thymian und Zitronensaft zu einem festen Teig vermischen. Kurz durchkneten.

2 Den Backofen auf 200 °C vorheizen.

3 Für die Füllung die Schalotten in einem Topf mit Wasser 10 Minuten kochen, abgießen und gut abtropfen lassen. Butter und Öl in einer feuerfesten Form erhitzen, die Zwiebeln hineingeben und bei sanftem Rühren ca. 10 Minuten braten, bis sie etwas Farbe angenommen haben. Zucker darüber streuen und nach Geschmack würzen. Weitere 5 Minuten sanft köcheln lassen, bis die Schalotten etwas gebräunt sind. Pfanne beiseite stellen.

4 Teig auf leicht bemehlter Fläche rund und mit Überstand auswellen. Teig über den Teigroller schlagen, über die Schalotten geben und den Rand an den Seiten niederdrücken. Die Tarte 20-25 Minuten backen, bis der Teig knusprig ist.

5 Die Tarte 5 Minuten in der Form auskühlen lassen. Anschließend eine große Platte über die Form decken und die Tarte darauf stürzen. Warm oder kalt servieren.

April

»Im Frühjahr ge-
pflanzte oder aus-
gesäte Zwiebeln
können viele
Monate gelagert
werden.«

Wichtige Arbeiten im Obstgarten

• Rebstöcke werden ins Freie gesetzt, sobald die Frostgefahr vorüber ist. Weinreben benötigen einen warmen, sonnigen Standort und tiefe, dränierte Böden, um reichlich Früchte zu bilden.

• Melonensamen in kleine Töpfe mit Gartenkompost säen – ein oder zwei Samen pro Gefäß. Wenn zwei Samen keimen, den kleineren, schwächeren der beiden entfernen. Für die Keimung der Samen ist ein warmer Ort nötig.

• Eingetopfte Obstgehölze mit Flüssigdünger düngen. Man wechselt zwischen einem Universaldünger und einem Dünger mit hohem Kaliumanteil ab. Können Sie nicht regelmäßig düngen, mischen Sie einmal pro Jahr einen Langzeitdünger unter das Substrat.

• Weinreben auf sandigen, nährstoffarmen Böden leiden oft unter Magnesiummangel. Er ist an der Gelb- oder Rotverfärbung des Blattrandes zu erkennen. Ein magnesiumreicher Dünger schafft Abhilfe. Geizen Sie die Seitentriebe alle 30 cm am Haupttrieb aus. Binden Sie die Triebe während des Wachstums an Stützen fest.

• Gegen Monatsende können Schnittmaßnahmen an Pflaumen und anderem Steinobst begonnen werden – jedoch nur, wenn nötig! Die

Gefiederten und pelzigen Schädlingen gefällt dieser wirksame Fruchtkäfig kaum.

Gehölze leiden bei zu frühem Schnitt oft an Pilzen oder bakteriellen Infektionen. Schneiden Sie stets auf einen kräftigen Trieb zurück.

CHECKLISTE

✔ Weiterhin in Containern gezogenes Obst bis Monatsende auspflanzen. Im Sommer gepflanzte Obstbäume oder -sträucher sind anfälliger für Trockenheit.

✔ Wenn erforderlich, Pflaumen- und Pfirsichblüte gegen Spätfröste schützen, ohne bestäubende Insekten auszusperren.

FRUCHT DES MONATS – PFLAUME

Die meisten beliebten Sorten sind selbstbestäubend. Dennoch sollten Sie sich nach den Bestäubungsbedürfnissen von Pflaumen, Zwetschgen und Renekloden erkundigen. Bäume sollten auf Zwergunterlagen gepfropft werden, wie z. B. auf 'St. Julien A' oder die etwas kleinwüchsigere 'Pixy'.

Tipps: Pflaumen benötigen einen windgeschützten Standort. Liegt ihr Garten in einem Spätfrostgebiet, wählen Sie eine spät blühende Sorte wie 'The Czar' und 'Marjorie's Seedling'.

• Erziehen Sie sie als Fächer an einer geschützten Südfassade oder als freistehende Pyramide.

• Mit einem Volldünger im zeitigen Frühjahr düngen. Anschließend eine dicke Mulchschicht aus gut verrottetem Mist über den Wurzelbereich (= ungefähr Kronenbereich) geben.

April

Fruchtgemüse

Diese Gemüsekategorie ist kälteempfindlich: Eine einzige kalte Nacht in der Anwuchsphase reicht aus, um sie völlig zu vernichten. Sie können im Freien gezogen werden, aber Paprika und einige Gurken- und Tomatensorten sind nach der Anzucht unter Glas oder Folie produktiver.

Anzucht aus Saatgut

Einige Fruchtgemüsesorten können im späten Frühjahr direkt ins Freilandbeet (z. B. Zucchini und Mais) ausgesät werden. Die meisten jedoch gedeihen besser in warmen, überglasten Räumen. Dies garantiert, dass die Pflanzen einen guten, schnellen Start bekommen und weiter kräftig in den Sommer wachsen.

Aussaat- und Pflanzzeiten müssen sorgfältig geplant werden. Die Pflanzen dürfen nicht zu früh ins Freie kommen, um keinen Kälteschock zu erleiden. Lässt man sie jedoch zu lange in ihren kleinen Töpfen, schadet das dem Ertrag.

Das Abhärten vor dem Auspflanzen im Freien verhindert einen Wachstumsschock bei den Pflanzen. Sie müssen allmählich während etwa 10–14 Tagen an die kühleren Außentemperaturen gewöhnt werden.

Viele Kürbissorten sind ausgesprochen ertragreich. Deshalb benötigt man meist nur wenige Pflanzen.

Freilandkultur

Im Freien benötigen diese Pflanzen einen warmen, sonnigen und geschützten Standort. Der Boden sollte fruchtbar und gut dräniert sein, jedoch gleichzeitig viel Feuchtigkeit halten.

Eine Überdeckung des Bodens mit durchsichtiger Folie vor der Pflanzung erwärmt die Erde und hält sie warm. Es sollte alles zum Schutz der jungen Pflanzen getan werden. So ist z. B. ein Schutz mit Glocken, Glasgefäßen oder sogar abgeschnittenen Plastikflaschen durchaus ratsam.

Fast alle diese Pflanzen (mit Ausnahme von Kürbissen) gedeihen ausgezeichnet in Containern – wie z. B. in Pflanzsäcken oder Töpfen von 23–25 cm Durchmesser, die mit nahrhaftem Kompost gefüllt sind. Verwendet man Pflanzsäcke, muss das Wässern und Düngen besonders sorgfältig erfolgen, da das geringere Substratvolumen schnell austrocknet.

Bodenaufbereitung

Großfrüchtiges Fruchtgemüse (u. a. Kürbisse, Gurken) erzeugt höhere Erträge, wenn es in Spezialsubstraten gezogen wird. Dazu graben Sie zwei bis drei Wochen vor dem Auspflanzen einen Aushub von 30 cm Durchmesser und Tiefe und füllen diesen mit einer Mischung aus Kompost oder gut verrottetem Mist und Erde. Häufeln Sie die Erde über das Substrat flach auf und streuen Sie einen Volldünger darüber.

Düngen & Wässern

Regelmäßiges Gießen ist elementar, da zu wenig oder unregelmäßiges Gießen das Wachstum hemmt. Dies mindert die Ernte und Qualität, lässt die Schalen hart werden und platzen, wodurch die Frucht letztlich unbrauchbar wird.

Es ist äußerst wichtig, dass die Pflanzen über ausreichend Kalium verfügen, das reichliche Blüte und Frucht fördert. Während der Entwicklung sollten die Pflanzen alle 7–10 Tage mit einem kaliumreichen Dünger gedüngt werden.

1 Flaschentomaten sind eine aromatische Alternative zu Standardsorten.
2 Winterkürbisse sehen attraktiv aus und schmecken köstlich. 3 Auberginen können geerntet werden,
sobald die Haut eine schöne Farbe entwickelt hat. 4 Mais gehört zum Standard eines Kleingartens.

Die üblichen Verdächtigen

Leider sind Schädlinge beim Anbau eigenen Gemüses und Obstes nicht zu vermeiden. Ist man jedoch wachsam, kann jeder Befall im Keim erstickt werden, bevor er außer Kontrolle gerät. Nehmen Sie sich die Zeit, Ihre Pflanzen gründlich und regelmäßig zu inspizieren. Betrachten Sie auch die Unterseiten der Blätter, die Triebspitzen, die Blüten und Früchte. Sehen Sie eine Blattlaus, zerquetschen Sie diese. Damit verhindern Sie, dass sie sich rasant vermehrt. Versuchen Sie, Ansammlungen gelber Eier des Kohlweißlings an der Unterseite der Kohlblätter zu vernichten.

Kohlweißlingraupen haben Kohlpflanzen in kürzester Zeit zerfressen.

Biologischer Anbau

Biologische beziehungsweise ökologische Anbaumethoden bieten viele Ansatzpunkte, die Pflanzen vor Schädlingsbefall zu schützen. Biologisches Gärtnern ermöglicht eine qualitativ hohe und schonende Aufbereitung der Erde. Organisches Material wie Gartenkompost oder gut verrotteter Mist, biologische Dünger und Stärkungsmittel erhöhen erfahrungsgemäß die Widerstandsfähigkeit der Pflanzen gegen Schädlinge.

Nutzen Sie Ihren »grünen Daumen« und Ihre Erfahrung, um Ihre Pflanzen perfekt zu pflegen.

Netze und andere Sperren

Gartenvlies und feinmaschige Netze sind zwei der besten Waffen des Kleingärtners im Kampf gegen Schädlinge. Solche Sperren hindern Schädlinge am Befall von anfälligen Pflanzen und ermöglichen schädlingsfreies Gemüse.

Andere Materialsperren können unter bestimmten Umständen genutzt werden. Runde Filzstücke um die Stämme von Kohl hindern die Kohlwurzelfliegenweibchen daran, ihre Eier abzulegen, aus denen anschließend Wurzeln fressende Maden schlüpfen würden.

Schnecken

Die aggressivsten Schädlinge sind Nackt- und Weinbergschnecken. Obwohl man viele Schnecken leicht sehen kann, leben sie zumeist im Boden – z. B. der Kielschnegel, der besonders in England schädlich ist. Das bedeutet, dass Splitt- oder Aschesperren um die Pflanzen, die diese schützen sollen, völlig zwecklos sind. Hier ist es besser, chemische Mittel zu verwenden. Allerdings gibt es einige Produkte auf natürlicher Mineralbasis – Aluminiumsulfat oder Eisenphosphat –, die als biologisch und sicher für andere Tiere gelten. Allerdings ist richtig verwendetes Schneckenkorn sicherer als viele Gärtner glauben.

Chemische Mittel

So gut und so häufig Pflanzen auch gepflegt und überwacht werden, ein Befall von gefährlichen Schädlingen ist nicht zu vermeiden. In diesen Fällen ist der Griff nach chemischen Bekämpfungsmitteln die einzige Möglichkeit. Befolgen Sie stets genau die Anweisungen des Herstellers. Spritzen Sie nur an windstillen Tagen, sodass das Gift nicht auf benachbarte Beete gelangt. Die Abendspritzung ist am wirksamsten, weil durch das Tageslicht verursachte Verbrennungen vermieden und kaum nützliche Insekten geschädigt werden.

Jeder wünscht qualitativ hochwertige, schädlingsfreie Ernten. Kontrollieren Sie Ihre Pflanzen als vorbeugende Maßnahme regelmäßig auf Schädlinge.

Genuss ohne Reue

Der große Vorteil eines Kleingartens ist, Pflanzen wählen zu können, die man nicht kaufen kann – oder die nie in Läden auftauchen oder zu teuer sind, um sie regelmäßig zu genießen.

Sojabohnen erfreuen sich wachsender Beliebtheit. Bis vor Kurzem konnten sie in unseren Breiten nicht problemlos kultiviert werden. Erst die Sorte 'Ustie' wurde für die Bedingungen in Mittel- und Nordeuropa gezüchtet. Auch 'Black Jet' ist kälterobuster als die meisten anderen Sorten. Diese Sorten produzieren große Mengen an samtigen, witterungsunempfindlichen Hülsenfrüchten im Herbst. Die Bohnen müssen vor dem Verzehr gekocht werden, um die giftigen Stoffe zu vernichten.

Versuchen Sie auch Edamame, eine beliebte fernöstliche Knabberei. Die jungen Hülsen (Babyschoten) werden in Wasser zusammen mit Gewürzen wie Salz gekocht und als Ganzes serviert.

Für Liebhaber sind auch die Echten Spargelerbsen (*Tetragonolobus purpureus*) einen Versuch wert. Diese sind dazu noch sehr dekorativ: Kleine, sich ausbreitende Pflanzen präsentieren dunkelrote Schmetterlingsblüten, die an Duftwicken erinnern, und geflügelte Hülsenfrüchte. Diese besitzen den Geschmack und die Konsistenz von Zuckererbsen und Spargel und sollten gepflückt werden, wenn sie 2,5 cm lang sind. Größer sind sie zäh und fädig.

Ernte von Nebenerzeugnissen

Bei einigen Gemüsesorten entstehen neben den normalen Erträgen auch »Nebenprodukte«.

Gelegentlich kann man Zucchiniblüten kaufen, doch sie sind teuer. Man frittiert sie – gibt etwas geriebenen Parmesan darüber – oder füllt sie mit Mozzarella, Ricotta oder Reis.

Weibliche Blüten am Ende des langen Fruchtknotens eignen sich am besten. Die männlichen Blüten, die unbedingt vor dem Welken gepflückt werden sollten, wären allerdings verschwendet, wenn man nicht auch sie verwenden würde.

Aber Sie müssen sich nicht auf Zucchini beschränken – die Blüten anderer Kürbisarten sind auch nicht zu verschmähen.

Die Blattranken der Gartenerbsen sind leicht gedünstet ein hervorragendes Gemüse und würden ansonsten für gewöhnlich gegen Jahresende kompostiert werden. Sie können auch roh in Salaten, in Pfannengemüse oder in Butter gedünstet genossen werden.

Seltsam & wunderbar

Haferwurzel ist ein altes Wurzelgemüse, das ein austernähnliches Aroma besitzen soll. Die Wurzel erinnert an dünnen Pastinak. Die Garten-Schwarzwurzel ist ähnlich mit einem noch feineren Aroma. Die essbaren Wurzeln haben eine schwarze Haut und weißes Fleisch.

Nicht zu vergessen ist auch die breite Palette an orientalischem Gemüse (siehe Seite 140), sowie Radicchio und gebleichter Chicorée.

Sojabohnen erfreuen sich wachsender Beliebtheit als Gartenfrucht.

Zucchiniblüten – nur selten zu erwerben, denn sie halten nach dem Pflücken nicht lange.

Mai

Obwohl dies eine arbeitsreiche Zeit im Garten ist, sollten Sie die Bilder und Geräusche in sich aufnehmen und sich in Ihrem Gartenhäuschen oder auf der Terrasse entspannen.

Diesen Monat ...

Jeder Besuch im Kleingarten im Mai bereitet große Freude. Ein grüner Teppich sich entwickelnder Pflanzen ersetzt jetzt die kahlen Beetflächen des Winters und zu Beginn des Frühjahrs. Der Obstgarten präsentiert sich in aller Schönheit mit Unmengen von Blüten, die Luft vibriert vom Summen der bestäubenden Insekten. Alles erinnert an einen Bilderbuchgarten auf dem Land.

Nehmen Sie sich Zeit, saugen Sie alles in sich ein, genießen Sie die Bilder und Geräusche Ihrer Scholle – aber lassen Sie dem Unkraut keinen Raum!

Der Mai ist auch die Zeit zum Nachdenken. Wurde eine besonders geliebte Pflanze vergessen auszusäen oder zu pflanzen? Wenn ja, holen Sie dieses Versäumnis jetzt nach. Im Sommer ist es manchmal zu spät.

Im Verlauf dieses Monats nehmen Zahl und Härte der Frostnächte ab, und den Kleingärtner juckt es in den Fingern, die frostempfindlichen unter Schutz gezogenen Gemüse auszupflanzen. Ist es dazu zu früh? Sollte man sich noch Zeit lassen? Werden die Pflanzen zu groß für die Töpfe? In diesem Monat dreht sich alles um den Wetterbericht. In kälteren Regionen kann das Risiko noch hoch sein: ein Risiko, das einige gern eingehen. Wenn die empfindlichen Pflanzen jedoch auch nur einen Hauch zu viel Kälte abbekommen, kann dies ein Rückschlag um Monate bedeuten. Vorsicht ist daher geboten. Schützendes Gartenvlies sollte stets zur Hand sein.

Graswege um den Garten sollten kurz gehalten und gepflegt werden, um einen undurchdringlichen Dschungel zu verhindern. Das sieht nicht nur besser aus, damit hält man auch Unkräuter im Zaum und schützt vor vorwurfsvollen Blicken der Nachbarn. Besitzen Sie keinen Rasenmäher, leihen Sie sich einen aus – gegen eine nette Gegengabe.

Wichtige Arbeiten im Gemüsegarten

• Dicke Bohnen, Garten- und Feuerbohnen, Kürbisse, Freilandgurken im Freien aussäen – in kälteren Gebieten sollte man damit bis Ende des Monats oder sogar bis Anfang Juni warten. Glasglocken schützen vor Kälte.

• Für Stangenbohnen ist sorgfältig aufbereitete Erde mit einem hohen Anteil an gut verrottetem Mist günstig. Die Pflanzen müssen durch Rankhilfen unterstützt werden (normalerweise ein Gerüst oder ein Dreibein aus mit Bindfaden verbundenen Stöcken).

• Blumenkohl und Brokkoli, z. B. der raren Sorte 'Purple Sprouting', in ein Saatbeet aussäen. Sind die Pflanzen groß genug, werden sie ins Beet ausgepflanzt. Die Ernte erfolgt im Winter.

• Mais kann jetzt ebenfalls im Freien ausgesät oder die unter Glas vorgezogenen Exemplare ausgepflanzt werden. Mais wächst besser in quadratischen Anbaufeldern als in Reihen, wobei ein Abstand von 45 cm zwischen den Pflanzen eingehalten werden sollte.

• Kartoffeln, die nicht unter schwarzer Folie gezogen wurden, weiterhin anhäufeln.

• Lauch kann entweder in Reihen im Freien in ein Saatbeet oder unter Glas in Topfplatten ausgesät werden. Mini-Porree: in jede Modulzelle fünf oder sechs Samen geben.

• Lauchpflanzen in ihr Erntebeet ausbringen, sobald sie eine Höhe von 10 cm erreicht haben. Hierfür mit einem Pflanzstock Pflanzlöcher für jedes Exemplar stechen (7,5 cm tief). Einsetzen und anschließend mit Wasser auffüllen – nicht mit Erde. Mini-Porree wird gruppenweise wie im Modul ausgekeimt ausgepflanzt.

• Auch jetzt können noch zahlreiche Gemüsesorten unter Glas ausgesät werden. Besonders ratsam ist das in kälteren Regionen, denn das verkürzt die Entwicklungszeit bis zur Ernte. Jungpflanzen sollten nur bei günstiger Witterung ausgepflanzt werden, nachdem sie 10–14 Tage lang abgehärtet wurden.

• Rosenkohl für den Winter, zu Beginn oder in der Mitte des Frühjahrs ausgesät, sollte jetzt zum Auspflanzen bereit sein. Die Lücken zwischen den Pflanzen können für schnellwüchsiges Gemüse wie Radieschen genutzt werden.

• Nach Ende der Frostgefahr werden Zucchini und andere frostempfindliche Gemüsesorten, die drinnen gezogen wurden, ins Freie gesetzt.

GEMÜSE DES MONATS – SPINAT

Einige Sorten eignen sich für die Aussaat im Frühjahr, andere für Sommer und Herbst. So kann das ganze Jahr über geerntet werden.

Tipps: Dünn in 2,5 cm tiefe Rillen in Reihenabständen von 30 cm aussäen. Aussaat von Sommerspinat von Frühling bis Sommer; von Winterspinat im Spätsommer und Frühherbst. Sommersorten bevorzugen leicht schattige Lagen.

• Sämlinge auf Abstände von 7,5 cm ausdünnen. Die aussortierten Sämlinge können in Salaten verwendet werden. Dünnt man nicht aus, zieht man den Spinat als Schnittgemüse.

• Spinat auf reichem Boden ziehen und die Pflanzen gut wässern, um die Schossenbildung zu vermeiden.

»Bohnenkerne zu enthülsen ist ein Genuss, der nur noch vom Verzehr der frischen Bohnen wenige Stunden nach der Ernte übertroffen wird.«

Tomatenkultur in Töpfen

Tomaten lassen sich hervorragend in Behältern ziehen. Das trifft besonders auf unter Glas kultivierte Sorten zu. Anderenfalls müsste man die Erde jährlich austauschen, um die Entstehung von Krankheiten zu vermeiden.

Am besten verwendet man hierzu Behälter von einem Durchmesser von 23–25 cm, wobei die Kultur in Pflanzsäcken am beliebtesten ist. In Säcken ist der Pflegeaufwand allerdings höher: Die Substratmenge, die die Säcke fassen, ist meist so gering, dass sie schnell austrocknen – es sei denn, Sie benutzen Pflanzsäcke in Übergröße. Allerdings ist regelmäßiges Wässern bei allen Methoden wichtig, um das Substrat gleichmäßig feucht zu halten. Bei Pflanzsäcken bedeutet dies im Sommer zwei bis drei Gießmengen täglich.

Um ein Austrocknen zu vermeiden, legen Kleingärtner häufig Ringkulturen (siehe Glossar) an. D. h. über das Pflanzsacksubstrat werden Töpfe ohne Boden gesetzt, die ihrerseits mit Anzuchtsubstrat aufgefüllt sind und auf diese Weise das ganze Substratvolumen vergrößern.

Lassen Sie sich beim Auspflanzen ihres Tomatenzöglings in den Erntebehälter Zeit: Am besten wartet man, bis sich die ersten Blüten zu öffnen beginnen.

Das Substrat stets gleichmäßig feucht halten. Unregelmäßiges Gießen verschlechtert die Qualität und Gesundheit der Früchte.

Auch das regelmäßige Düngen ist wichtig. Dies geschieht entweder einmal wöchentlich mit einem flüssigen Tomatendünger in der empfohlenen Konzentration oder alle zwei Tage mit der Hälfte der empfohlenen Konzentration. Alternativ kann man dem Substrat beim Umpflanzen einen Langzeitdünger hinzufügen.

Die Pflanzen benötigen darüber hinaus ein gutes Stützsystem, an das sie regelmäßig festgebunden werden.

Junge Pflanzen in kleine Töpfe setzen, sobald sich zwei echte Blätter ausgebildet haben.

CHECKLISTE

✔ Das Aussäen von Salatsorten in kleinen Mengen fortsetzen, um den Sommer über fortlaufend ernten zu können.

✔ Jetzt ist die Zeit, unter Glas gezogene Tomaten auszupflanzen.

✔ Triebspitzen von Dicken Bohnen abzwicken, sobald sie zu blühen begonnen haben. Das hilft, dem Befall durch die Schwarze Bohnenlaus vorzubeugen.

✔ Pflanzen regelmäßig nach Schädlingen oder Krankheiten absuchen. Diese können sich schnell ausbreiten.

Spargelcremesuppe

Für 6 Personen

Zubereitungszeit:

40 Minuten

Zutaten:

1 kg Spargel (weißen, violetten oder grünen)

2 Liter Wasser

25 g Butter

1 EL Mehl

1 Messerspitze Muskat

2 Eigelb

300 ml Crème double

Salz und weißer Pfeffer

1 EL gehackten Schnittlauch zum Garnieren

1 Harte Spargelenden abschneiden – weißen und lila Spargel schälen – und die Stangen in 2,5 cm lange Stücke schneiden. Das abgemessene Wasser zum Kochen bringen, leicht salzen, die Spargelstücke hineingeben und 15 Minuten kochen, bis sie weich sind. Kochwasser abgießen und in einem Gefäß auffangen.

2 Butter in einer Kasserolle mit schwerem Boden schmelzen, das Mehl einrühren und bei mittlerer Hitze unter Rühren 1 Minute köcheln lassen. Das aufgefangene Spargelwasser allmählich einrühren. Unter ständigem Rühren zum Kochen bringen, bis die Flüssigkeit eindickt. Muskatnuss, Salz und Pfeffer je nach Geschmack dazugeben und 3–5 Minuten rühren.

3 Die Spargelstücke in die Flüssigkeit geben und die Hitze reduzieren. Unter gelegentlichem Rühren 5 Minuten leicht simmern lassen.

4 Eigelb mit der Crème double in einem kleinen Gefäß schaumig schlagen und mit etwas Pfeffer würzen. Die Mischung anschließend in die Suppe gründlich einrühren und ohne Kochen 1 Minute erwärmen.

5 Die Suppe in vorgewärmten Schalen mit etwas Schnittlauch servieren.

»Spargelbeete müssen
von Unkraut frei
gehalten werden.
Das Jäten geschieht
am besten per Hand,
da die flachen Wurzeln
durch Hacken leicht
beschädigt werden
könnten.«

Wichtige Arbeiten im Obstgarten

• An Mauern gezogene Steinobstgehölze können geschnitten werden – vorausgesetzt das Wetter war für ihre Entwicklung warm genug.

• Triebspitzen der Äste bei Spalier-Süßkirschen abzwicken, sobald diese sechs neue Blätter ausgebildet haben.

• Leit- und Seitentriebe bei zu starkwüchsigen Spalieräpfeln und -birnen einkürzen. Damit leitet man die Energie von der Holz- und Blattbildung in die Fruchtproduktion um.

• Pheromonfallen in Apfelbäume hängen, um die Zahl der schädlichen Apfelwickler zu reduzieren. In diesem Monat bilden sie ihre neue Generation. Die Fallen verhindern eine übermäßige Eiablage. Dazu ist an jedem fünften Baum eine einzelne Zelle nötig.

• Etliche Schädlinge oder Krankheiten befallen das Obst in diesem Monat. Es ist daher ratsam, die Pflanzen regelmäßig zu kontrollieren und etwaige Schäden zu bekämpfen.

• Die Blüten unter Glas gezogener Weinreben vorsichtig unterstützend per Hand bestäuben.

• Zu dicht wachsende Himbeerbüsche ausdünnen. Auf diese Weise bringt man ausreichend

Eine Alternative zum Ausbringen von Stroh um die Erdbeeren ist Gartenvlies.

Licht und Luft in die Pflanze, reduziert die Gefahr eines Befalls und unterstützt die Reifung der Früchte.

CHECKLISTE

✔ Schwarze Johannisbeeren und Brombeeren mit einem Volldünger düngen.

✔ Unerwünschte Himbeerausläufer entfernen.

✔ Abdeckungen gegen die Pfirsichkräuselkrankheit entfernen.

FRUCHT DES MONATS – ERDBEERE

Durch sorgfältige Sortenwahl kann ab Mitte des Frühjahrs bis in den Spätherbst geerntet werden. Monatserdbeeren bringen mehrere Ernten pro Jahr.

Tipps: Erdbeeren verlangen Vollsonne und Boden mit guter Wasserdurchlässigkeit. In Abständen von 45 cm in Reihen und mit einem Zwischenreihenabstand von 1 m pflanzen.

• Während Trockenperioden täglich gießen. Dabei nur die Pflanzenbasis (nicht die Blätter) wässern. Während der Wachstumsphase regelmäßig mit einem kaliumhaltigen Dünger düngen.

• Wenn die Erdbeeren reif sind, Stroh oder anderes trockenes Material unter die Pflanzen geben, um einen Kontakt der Früchte mit dem Boden und damit Fäulnis entgegenzuwirken.

Erbsen & Bohnen

Erbsen und Bohnen sind Leguminosen und benötigen einen offenen, sonnigen und vor starkem Wind geschützten Standort. Sie werden durch Insekten bestäubt und der Windschutz hilft dabei.

Darüber hinaus ziehen sie neutrale bis basische Böden (pH-Wert 7 und höher) vor. Daher im späten Winter saure Böden kalken.

Erbsen und Bohnen verlangen stetig frischen Boden. Anderenfalls sind die Ernten gering oder die Hülsen werden hart, trocken und geschmacklos. Die beste Methode das Speichervermögen des Bodens zu erhöhen, ist es, im Herbst eine gut 30 cm tiefe Furche auszuheben und diese mit wasserspeicherndem Material zu füllen, wie z. B. mit Kompost, Zeitungspapierschnitzeln und Garten- oder Küchenabfällen. Bedecken Sie die Furche zwei Wochen vor der Aussaat oder dem Auspflanzen mit Erde.

In Trockenperioden gut gießen, besonders während der Blüte und der Fruchtentwicklung. Es lohnt sich, die Erde um die Pflanzen zu mulchen. Dazu kann man Grasschnitt verwenden, der jedoch nicht mit den Trieben in Berührung kommen darf.

Bohnen und Erbsen sollten jung und regelmäßig geerntet werden. Das steigert nicht nur die Qualität und den Geschmack, sondern regt die Pflanze auch zu weiterer Fruchtbildung an.

Die Erntesaison kann zusätzlich dadurch gestreckt werden, dass man Sorten wählt, die zu unterschiedlichen Zeiten fruchten (z. B. frühe und mittelfrühe Erbsen), oder zu verschiedenen Jahreszeiten aussät (z. B. im Herbst und im Frühjahr ausgesäte Dicke Bohnen). Auch die Aussaat unter Glas und das Vorziehen an einem warmen Standort ist möglich.

Aussaat

Bohnen oder Erbsen können zur passenden Jahreszeit direkt im Freien, aber auch in Töpfen, Anzuchtplatten, im Glashaus, Wintergarten oder auf einem hellen Fensterbrett ausgesät und vorgezogen werden. Wurden sie 10–14 Tage abgehärtet, kommen sie ins Freie.

Erbsen- und Bohnensamen entwickeln sich in kalter, feuchter Erde nicht gut. Dicke Bohnen benötigen eine minimale Bodentemperatur von 5 °C, um zu keimen. Erbsen brauchen 10 °C und Stangen- und Buschbohnen 12–13 °C.

Dünger

Leguminosen produzieren dank der Symbiose mit luftstickstoff-fixierenden Knöllchenbakterien selbst Stickstoff. Sie müssen folglich nicht mit Stickstoff gedüngt werden. Es empfehlen sich kaliumhaltige Dünger.

Volldüngergranulat bei der Aussaat oder Pflanzung erfüllt meist alle Bedürfnisse. Ein kaliumhaltiger Dünger hilft während der Wachstumsphase zur Ertragssteigerung.

Beim Verrotten der Pflanzenwurzeln wird der Stickstoff in den Boden abgegeben. Es ist daher ratsam, die Pflanzen auszugraben, die oberirdischen Organe abzuschneiden und auf den Komposthaufen zu geben.

Weitere Tipps für den Erbsenanbau finden Sie auf Seite 24 und Seite 92.

Buschbohnen für möglichst lang anhaltende Erträge regelmäßig ernten, solange sie jung und zart sind.

Feuerbohnen können an Bambusstäben in Zeltform als dekoratives Gartenelement gezogen werden.

Gartenschuppen

Für viele Gärtner hat der Gartenschuppen denselben Stellenwert wie der Garten selbst. Er dient nicht nur zur Unterbringung von Werkzeug und nötigem Material, sondern kann auch zu einem sozialen Mittelpunkt des Gartens werden. Hier trinkt man Kaffee und tauscht Erfahrungen und Tratsch mit Nachbarn aus.

Außerdem bietet der Schuppen Schutz vor Platzregen, der Arbeiten im Beet unmöglich macht. Er ist ein Ort, an dem man über Garten- und Arbeitspläne für die Parzelle nachdenkt. Besonders für die Bewohner von Etagenwohnungen vermittelt der Gartenschuppen häufig das ersehnte Gefühl eines Wochenenddomizils.

Einige Schuppen sind ausgesprochen häuslich eingerichtet. Hier gibt es nicht nur einen Gaskocher: Einige Kleingärtner können dort sogar ein komplettes Frühstück zubereiten und z. B. die Gerätschaften für selbst gebrautes Bier oder selbst gekelterten Wein verstauen.

Hat Ihr Kleingarten gegenwärtig keinen Gartenschuppen und Sie möchten einen bauen, müssen Sie sich nach den Vorgaben des Vereins richten.

Einige Kleingartenanlagen bieten ein zentrales Gebäude an, wo sich alle versammeln und Besucher empfangen können. Mit etwas Glück besitzt die Anlage einen Schuppen für die Allgemeinheit, wo Samen, Dünger, Substrate und andere nützliche Dinge zum Kauf angeboten werden – meistens zu sehr viel niedrigeren Preisen als im Geschäft.

Kleingärtner neigen dazu, ihre Schuppen sehr individuell zu gestalten, wobei allerdings die Richtlinien des jeweiligen Vereins, z. B. in Bezug auf Ausmaße, Farbgebung und die verwendbaren Materialien, berücksichtigt werden müssen.

Idealerweise stehen die Gartengebäude in der Nordecke des Kleingartens, die für den Anbau von Gemüse nicht günstig ist. Bäume befinden sich meistens außerhalb der Anbaufläche ent-

Ein sicherer Schuppen dient zur Aufbewahrung aller Gartengeräte und Werkzeuge.

lang der Anlagegrenzen, um unerwünschten Schatten zu vermeiden und Übersichtlichkeit zu schaffen.

Kleingärten sind häufig ungesichert und deshalb manchmal Brandstiftung, Diebstahl und Vandalismus ausgesetzt. Aus diesem Grund sollten Sie Ihren Schuppen gegen Einbruch sichern, wenn Sie darin wertvolle Geräte und Materialien verstauen.

An Dachrinnen angekoppelte Wasserbehälter verschaffen Unabhängigkeit von der vereinseigenen Bewässerung, die oft im Winter abgeschaltet wird.

Im Laufe der Jahre werden Gartenschuppen erfahrungsgemäß immer voller. Kleine »Unterstände« werden ausgebaut, und es sammeln sich »nützliche« Dinge an. Wirkt man dieser Tendenz entgegen, stößt das meist auf Wohlwollen.

1 Gestalten Sie Ihren Schuppen individuell.
3 Am Nordrand werfen Schuppen keinen Schatten.

2 Gartenschuppen bieten Schutz vor Regen.
4 Eine Wellblechkonstruktion rostet nicht.

Schnittsalat-Mischungen

Abgepackte Schnittsalate sind die Renner in den Gemüseabteilungen der Supermärkte. Aber warum Geld für lasche, geschmacklose Blattsalate verschwenden, wenn man diese selbst ziehen kann?

Der Anbau von Schnittsalaten ist einfach. Außerdem stehen zahlreiche unterschiedliche Sorten zur Verfügung, sodass je nach Geschmack eine individuelle Auswahl getroffen werden kann. Die meisten Saatgutfirmen liefern bereits Mischungen, die man jedoch auch selbst zusammenstellen kann. Durch eine geschickte Auswahl verfügt man rund ums Jahr über frischen Salat. Allerdings ist für die Sorten im Spätherbst und zeitigen Frühjahr ein Gewächshaus, ein Plastiktunnel oder ein Frühbeet nötig.

Anbau & Pflege

Schnitt- oder Pflücksalate sind schnellwüchsig und können bereits zwei bis drei Wochen nach der Aussaat geerntet werden. Eine häufige Aussaat mit wenig Saatgut ermöglicht eine Dauerversorgung.

Bei der Zusammenstellung individueller Mischungen sind die auf den Samentüten empfohlenen Saatabstände nicht von Bedeutung (wegen der vorzeitigen Ernte) – dasselbe gilt für das Ausdünnen der Sämlinge.

Die Blattsalate werden wie Schnittgemüse behandelt. Man pflückt regelmäßig einige Blätter je nach Bedarf, während weiterer Salat nachwächst. Bei einem Schnitt der Pflanzen bis zum Boden mit der Schere wird wiederholtes Austreiben gefördert. Flüssigdünger halten die Produktivität hoch.

Salate in Containern

Sämtliche Schnittsalate können in Töpfen und Containern, Pflanzsäcken oder Blumenkästen gezogen werden. Da die Pflanzen nur kurze Zeit im Substrat gedeihen, kann man nach der Ernte weitere Salate aussäen, ohne die Erde auszutauschen. Sie sollte nur mit den Fingern aufgelockert und ein Volldünger hinzugemischt werden.

Baby-Leaf

Der jüngste Renner bei beliebten Salaten ist der Baby-Leaf-Salat. Dieser wird geerntet, sobald die Pflanzen ihre ersten echten Blätter ausgebildet haben. Sie haben meist ein intensives Aroma und können das ganze Jahr über unter Glas angebaut werden. Ihre Kultur ist kinderleicht: Die Samen lässt man auf feuchtem Lösch- oder Küchenpapier keimen, mit dem man eine Aussaatplatte ausgelegt hat. Die Sämlinge schneidet man mit einer Schere, sobald sie schnittreif sind.

Eine große Anzahl von Gemüsearten und Kräutern ergeben hervorragende Baby-Leaf-Salate. Rote Bete, Brokkoli, Kohl, Erbsen, Radieschen und Rauke, Basilikum, Koriander und Fenchel sind jeweils einen Versuch wert.

Die Blätter werden behutsam mit einer normalen Schere oder Blumenschere geerntet, damit die Pflanzen erneut austreiben.

Ziehen Sie eine breite Palette an Blattsalaten für eine bunte Mischung an Farben, Blattstrukturen und Aromen.

JUNI

1 Junge Pflanzen nach dem Auspflanzen sorgfältig gießen.
2 Zucchini mulchen, um das Substrat feucht zu halten.

3 Schneckenkorn hält Schädlinge ab.
4 Im Sommer sollte der Gärtner seine Parzelle genießen.

Diesen Monat ...

Nach den hektischen Frühjahrsmonaten beginnt mit dem Juni der Sommer und damit eine entspanntere Zeit im Kleingarten. Die Temperaturen steigen, die Gärtner gehen lockerer gekleidet ans Werk, und zu den nützlichen Gartenutensilien gehört nun auch ein Sonnenschutzmittel.

Wie sich jeder vorstellen kann, bedeutet all das jedoch nicht, dass man sich auf der Parzelle untätig zurücklehnen kann – besonders dann nicht, wenn es der Beginn eines richtig guten Sommers ist.

Hat man wenig Zeit, ist es ratsam, den Kleingarten mehrfach und dafür nur für wenige Stunden aufzusuchen, anstatt einen ganzen Tag dort zu verbringen. Viele Arbeiten sollten regelmäßig durchgeführt werden wie: Gießen und die Kontrolle von Schädlings- sowie Krankheitsbefall und Unkraut. All diese Probleme können bei einem Besuch pro Woche aus dem Ruder laufen.

Eine der wichtigsten Aufgaben ist das Wässern der Pflanzen. Die meisten eingewachsenen Obstpflanzen müssen nur in wochenlangen Trockenzeiten gegossen werden – auch wenn Steinobst flach wurzelt und daher früh Stresssymptome durch Trockenheit zeigt. Trocknet Steinobst aus, stirbt die Frucht ab oder wird klein, trocken und geschmacklos.

Beim Gießen sollte man darauf achten, dass das Wasser auch zu den Wurzeln gelangt und sich nicht an der Oberfläche staut. Zu wenig und zu häufige Wassergaben fördern oberflächliches Wurzelwachstum. Optimal ist der Wurzelkontakt zu Bodenhorizonten, die dauerhaft Wasser nachliefern.

Bei Gemüse sollte das Substrat gleichmäßig feucht gehalten werden. Bei Austrocknung und übermäßigem anschließendem Gießen springt Wurzelgemüse auf oder neigt zur Schossenbildung.

Wichtige Arbeiten im Gemüsegarten

• Freiland-Einlegegurken profitieren von einem Substrat, das gut mit organischem, Feuchtigkeit speicherndem Material angereichert wurde. Zwicken Sie die Triebspitze der Pflanze ab, sobald sie sechs Blattpaare ausgebildet hat, um die Fruchtbildung zu fördern. Pflanzen regelmäßig mit flüssigem Tomatendünger düngen.

• Fruchtgemüse (Auberginen, Gurken, Paprika, Tomaten und verschiedene Kürbisse wie Zucchini) sowie Leguminosen (Erbsen und Bohnen) zeitigen hohe Erträge und saftige Früchte, wenn regelmäßig bewässert wird.

• Fruchtgemüse profitiert ebenfalls von wöchentlichen Düngergaben mit einem flüssigen Kaliumdünger. Tomatendünger ist für alle gut.

• Die Fruchtgemüsesorten wachsen in diesem Monat ununterbrochen, daher sollten sie immer wieder an Rankhilfen gebunden werden. Überlässt man sie sich selbst, können Sie herunterbrechen und durch ihr Eigengewicht beschädigt werden.

• Seitentriebe bei Spaliertomaten ausgeizen, solange diese kaum länger als 2,5 cm sind. Diese Seitentriebe entstehen in den Blattachseln (zwischen Stamm und Blatt). Können sie sich entwi-

Seitentriebe der Spaliertomaten ausgeizen, sobald sie 2,5 cm lang sind.

ckeln, entziehen sie der Pflanze Energie und reduzieren die Qualität des Ertrags. Buschtomaten und solche in Ampeln müssen nicht ausgegeizt werden. Sie dürfen sich natürlich entwickeln.

• Fruchtbildung an den Blüten der Tomaten kontrollieren. Falls keine Frucht sichtbar wird, die Pflanze mehrmals täglich abklopfen, damit

GEMÜSE DES MONATS – ERBSEN

Der Geschmack frisch geernteter Erbsen ist unvergleichlich. Grund hierfür ist ihr hoher Zuckergehalt, der sich nach der Ernte unmittelbar in geschmacksneutrale Stärke verwandelt.

Tipps: Glattkörnige Erbsensorten sind frosthärter als die mit Runzelkorn und daher für frühe Aussaaten besser geeignet.

• Frühe Sorten im Herbst und vom zeitigen Frühjahr bis zum Frühsommer aussäen, mittelfrühe Sorten und solche für die Haupternte vom zeitigen Frühjahr bis zum Sommer. Um die Erntezeit zu strecken, eine frühe Sorte alle drei bis vier Wochen aussäen oder zwei Aussaaten jeweils von einer frühen, einer mittleren und einer Hauptsorte vornehmen.

• Eine 5 cm tiefe und 25 cm breite Rille ausheben, die Samen im Abstand von 7,5 cm ausbringen und mit Erde auffüllen.

»Junges Gemüse schmeckt am aromatischsten – daher sollte es unmittelbar bei Reife geerntet und sofort verzehrt werden.«

Chilipflanzen in regelmäßigen Abständen mit weichem Bindematerial an Bambusstäben befestigen.

die Pollen die Blüten bestäuben. Ein leichtes Besprühen der Pflanzen mit lauwarmem Wasser ist ebenfalls hilfreich.

• Setzen die Blüten bei Stangen- oder Feuerbohnen keine Früchte an, kann Abhilfe geschaffen werden. Sorgen Sie dafür, dass das Substrat gleichmäßig feucht ist, nicht austrocknet und gemulcht wird. Am frühen Morgen und Abend Laub und Blüten besprühen. Bei neutralem oder saurem Boden einmal mit kalkhaltigem Dünger gießen. Versuchen Sie es mit der Aussaat einer späteren rosa oder weiß blühenden Sorte und kneifen Sie die Triebspitzen der Pflanzen ab, sobald diese 15–20 cm hoch sind.

• Kartoffeln – besonders die in Kübeln und Trögen gezogenen – regelmäßig gießen. Ein Austrocknen während der Entwicklung der Knollen reduziert den Ertrag erheblich.

• Kartoffeln weiter anhäufeln (siehe Seite 58).

• Unkrautwuchs kontrollieren. An warmen oder windigen Tagen zwischen den Reihen hacken, damit das Unkraut abstirbt und keine Wurzeln bildet. Mehrjährige Unkräuter gründlich jäten. Chemische Herbizide meiden.

• Frühkartoffeln beginnen zu reifen und können geerntet werden. Nicht bis zur letzten Minute in der Erde belassen – in der Hoffnung auf größere Erträge! Kartoffeln, die zu lange gewachsen sind, verlieren an Qualität und Aroma, werden bitter. Wurzelgemüse kann sogar verholzen.

CHECKLISTE

✔ Weiterhin und regelmäßig Ihre Lieblingssalatsorten und schnell reifendes Gemüse aussäen, um sich einen konstanten Vorrat über den gesamten Sommer zu sichern.

✔ Wurde es nicht schon vergangenen Monat erledigt, ist es jetzt Zeit, die folgenden Gemüsearten direkt in die vorbereiteten Beete ins Freie auszusäen: Busch- und Stangenbohnen, Erbsen für die Haupternte, Kürbisse, Mais und Freilandgurken.

✔ Das Auspflanzen von Tomaten, Zucchini, Gartenkürbissen und anderen frostempfindlichen Gemüsesorten beenden, die unter Glas ausgesät und gezogen wurden.

✔ Triebspitzen der Chilipflanzen oberhalb einer Knospe entfernen, um eine Verzweigung und bessere Erträge zu fördern.

✔ Weiter auf Schädlings- und Krankheitsbefall überprüfen und entsprechend handeln.

Zucchiniblüten-Risotto

Für 4 Personen

Zubereitungszeit:

40 Minuten

Zutaten:

900 ml Gemüsebrühe

2 EL Olivenöl

1 Zwiebel, fein gehackt

1 Knoblauchzehe, fein gehackt

275 g Risottoreis (Vialone nano, Arborio oder Carnaroli)

150 ml trockener Weißwein

2 große Zucchini

4 Zucchiniblüten in 2,5 cm breite Streifen geschnitten

Geriebene Schale einer halben Zitrone

1 ½ EL geriebenen Parmesan

Pfeffer

1 Gemüsebrühe in einer Kasserolle zum Kochen bringen. Hitze reduzieren und simmern lassen.

2 1 EL Olivenöl in einem Stieltopf mit schwerem Boden auf niedriger Stufe erhitzen. Zwiebel hineingeben und dünsten. Knoblauch und Reis hinzufügen, umrühren und 1 Minute köcheln lassen. Wein angießen und unter Rühren weiter erhitzen, bis die Flüssigkeit aufgesogen ist.

3 Zwei Schöpflöffel Gemüsebrühe angießen und leicht simmern lassen. Unter ständigem Rühren weiterköcheln lassen, bis die Flüssigkeit aufgesogen ist und der Reis seitlich auseinanderfällt, wenn man einen Löffel hindurchzieht.

4 Einen Zucchino blättrig schneiden, in den Topf geben und unterheben. Einen weiteren Schöpflöffel Brühe hinzufügen, weiter rühren und immer wieder Brühe hinzugeben, bis der Reis eine cremige, bissfeste Konsistenz hat. Der Vorgang dauert ungefähr 16–18 Minuten.

5 Den zweiten Zucchino grob reiben und mit den Zucchiniblüten unter den Reis heben. Einen Löffel Brühe unterrühren und 1 Minute bei gleichbleibender Hitze weiterrühren.

6 Topf vom Herd nehmen, Zitronenschale, Parmesan und 1 Esslöffel Öl unterrühren. 15 Sekunden heftig rühren. Dann mit einem Deckel abdecken, kurz ruhen lassen und würzen.

»Melonenkürbisse, Zucchini und Sommerkürbisse sind eng verwandt und werden prinzipiell auf dieselbe Art und Weise gezogen.«

Wichtige Arbeiten im Obstgarten

• Erdbeeren benötigen eine sorgfältige Pflege, um saftige Früchte zu ernten. Regelmäßig gießen und mit Kaliumdünger düngen!

• Stroh unter den Pflanzen ausbreiten, damit sie nicht verschmutzen und verfaulen. Eine durchlöcherte, schwarze Gartenfolie ist eine Alternative.

• Die Triebspitzen der Pflaumen und Kirschen sowie die Seitentriebe an den Hauptästen ausknipsen, um übermäßige Laubbildung zu vermeiden und üppige Erträge zu fördern.

• Triebspitzen an sämtlichen Zweigen der Spalier-Süßkirschen entfernen, sobald sechs neue Blätter ausgetrieben sind. Nach der Ernte können die Fruchttriebe erneut zurückgeschnitten werden, wobei die Hälfte der Jahrestriebe und sämtliche wuchernden Triebe herausgeschnitten werden.

• Bei Spalier-Sauerkirschen werden sämtliche Fruchttriebe entfernt. Vorsicht! Die nicht fruchtenden Jungtriebe nicht abschneiden, denn sie tragen im Folgejahr Früchte. Stattdessen anbinden, damit sie mühelos zu ernten sind.

• Äpfel nach dem natürlichen Abfallen von Früchten im Juni ausdünnen. Das fördert die

Stroh unter die Erdbeerpflanzen decken, sobald die Früchte zu reifen beginnen, damit sie nicht faulen.

Größe und Qualität der Früchte und verhindert Ertragsschwankungen.

• Pflaumen und Renekloden nach dem Abfallen von Früchten Anfang Juni ausdünnen.

CHECKLISTE

✔ Neue Triebe des an Drahtgerüsten gezogenen Beerenobstes anbinden.

✔ Obstbüsche zum Schutz vor Vögeln mit Netzen abdecken, wenn die Früchte reifen.

✔ Für Luftzirkulation im Glashaus sorgen, um der Grauschimmelfäule vorzubeugen.

FRÜCHTE DES MONATS – KIRSCHEN

Für jede Verwendung gibt es passende Sorten: Sauerkirschen werden eingemacht, Süßkirschen hauptsächlich roh verzehrt.

Tipps: Pfropfunterlagen für geringe Wuchshöhen ermöglichen den Anbau auf kleinstem Raum, wie z. B. 'Colt' oder 'Gisela 5', die eine Höhe von nur 2 m erreichen. Viele Sorten sind selbstbestäubend, sodass ein Baum pro Garten genügt.

• Kirschbäume verlangen fruchtbare, gut dränierte Böden und einen geschützten Standort. Süßkirschen reifen am besten in der Vollsonne. Sauerkirschen dagegen begnügen sich mit der nach Norden ausgerichteten Wand eines Schuppens. Ziehen Sie Letztere als Fächer oder Pyramide.

• Kirschen sind vitale Pflanzen und benötigen einen Volldünger im Frühjahr und einen Kaliumdünger im Sommer.

Annabelle, weiße Hostensien

Verbene

Aspidinose

feiselleca

Kante

Salate

Der Sommer wäre kein Sommer, ohne einen ständigen Vorrat an köstlichen, knackigen Salaten aus dem eigenen Garten. Allerdings kommen Salate nicht nur im Sommer auf den Tisch. Es gibt sie ebenso für den Herbst und sogar für den Winter. Damit ist es möglich, das ganze Jahr über Salat zu produzieren. Vorausgesetzt ein Glashaus, Folientunnel, Frühbeet oder Glasglocken sind vorhanden, um die Saison auszudehnen.

Denken wir an Salate, fallen uns spontan unsere Lieblingssorten ein – Rauke und Kopfsalat stehen dabei ganz oben auf der Liste. Dennoch gibt es viele andere. Diese bereichern das Salatangebot durch unterschiedliche Blattstrukturen und delikate pfeffrige oder sogar würzige Aromen. Auch Chinakohl, Feldsalat, Endivien, Frühlings-Barbarakraut *(Barbarea verna)*, Winterportulak oder Asia-Salate (siehe Seite 140) sind einen Versuch wert.

Anbau

Die meisten Salate benötigen bis zur Ernte nur kurze Zeit. Sie sollten daher fortlaufend ausgesät werden – spärlich und dafür häufig. Säen Sie alle 10–14 Tage nur so viel aus, wie Sie verbrauchen können. Damit dehnen Sie die Erntezeit aus und meiden Überfluss oder Mangel.

Da Salat schnell reift, ist er die ideale Zwischenfrucht, die zwischen langsamer reifenden, größeren Pflanzen kultiviert wird, um die sonst ungenutzten Freiflächen auszufüllen. Sorgen Sie dafür, dass Salatsorten ausreichend Licht erhalten und deren Bedürfnisse nicht zu unterschiedlich sind.

Viele Salate können als nachwachsende Schnittsalate gezogen werden (siehe Seite 86).

Die meisten Wintersalate benötigen in vielen Regionen Schutz. Frosthärtere Sorten gedeihen im Freiland unter Vlies oder Glasglocken, andere müssen unter Glas ausgesät und im Glashaus oder unter einem Folientunnel angebaut werden. Zieht man sie in Töpfen, stellt man diese in Innenräume oder nahe an die Hauswand, um sie jederzeit bei Bedarf schneiden zu können.

Pflege

Die schnellwüchsigen Salate neigen bei einer Wachstumsdepression zur Schossenbildung. Um das zu vermeiden, muss das Substrat feucht und während sonniger, trockener Perioden regelmäßig gegossen werden.

Im Winter weniger und vorsichtig gießen, wobei die Blätter trocken bleiben sollen, um Krankheiten wie Grauschimmelfäule zu verhindern.

Obwohl Salate fruchtbaren Boden benötigen, nicht übermäßig düngen. Vor allem Nitratdünger vermeiden, da dieser zu laschem, wenig aromatischem Blattmaterial führt. Ausgewogene Dünger oder Kaliumgaben kräftigen das Blatt und fördern den Geschmack.

Wenig Samen dünn und oft ausbringen, um fortlaufend den eigenen Bedarf zu decken.

1 Nachwachsende Schnittsalate mit der Schere ernten. 2 Römersalat bildet knackige, feste Blätter aus.
3 Zur Förderung der Entwicklung, Sämlinge in entsprechender Größe ausdünnen.

Freunde des Gärtners

Viele Schädlinge befallen Früchte und Gemüse, es gibt jedoch auch eine ganze Armee von Insekten, die sich als hilfreich gegen diese Schädlinge erweisen.

Zahlreiche nützliche Insekten fressen Schädlinge und helfen dem Kleingärtner, Letztere zu reduzieren. Die wirksamsten Verbündeten sind Marienkäfer, Schwebfliegen und Florfliegen, aber auch Ameisen und Wespen räumen mit zahlreichen Schädlingen auf.

Um Marienkäfer, Schwebfliegen und Florfliegen zu fördern, sollte man eine Auswahl an pollen- und nektarhaltigen Blütenpflanzen unter die Nutzpflanzen mischen. Altmodische, gut zu bestäubende Blütenpflanzen sind hierfür geeigneter als moderne Selbstbestäuber (oder F1-Hybriden). Korbblütler sind bei Schädlingsvertilgern aus der Natur ebenfalls sehr beliebt.

Auch Vögel können gelegentlich zum Ärgernis werden. Dennoch tragen die meisten Vogelarten dazu bei, Boden und Pflanzen von Schädlingen, einschließlich der Schnecken, zu befreien.

Insektenhotels

Leider müssen unsere Verbündeten im Winter häufig ums Überleben kämpfen und überwintern in Gartenschuppen, Astlöchern, im Komposthaufen oder anderswo.

Um ihnen über den Winter zu helfen, kann man Unterkünfte für Florfliegen bauen, indem man einen Florfliegenkasten aus 10 cm breiten und 1 cm dicken Holzlatten zimmert. Ist der ungefähr 10–15 cm große Rahmen erstellt, schneidet man hohle Stäbe in 10 cm lange Abschnitte und setzt sie in den Rahmen. Ideal sind natürliche Äste oder Stäbe (Holunder, Himbeerruten, Bambus) oder künstliche Stäbe mit einem Durchmesser von 3–5 cm. Malen Sie die Kästen rot an (das ist die Lockfarbe der Florfliege) und hängen Sie sie an einem geschützten, schattigen Ort auf.

Marienkäfer sind die Freunde des Gärtners, denn sie vertilgen große Mengen von Blattläusen.

Biologische Kriegsführung

Der Gärtner hat die Möglichkeit, die Armee der Nutzorganismen noch zu verstärken. Aber keine Angst! Letztere sind völlig harmlos – ausgenommen für den anvisierten Schädling oder Krankheitserreger.

Viele dieser Nützlinge benötigen besondere Lebensbedingungen und sind nur für den Einsatz in warmen, geschlossenen Baulichkeiten geeignet, wie z. B. in Glashäusern. Andere wiederum sind sehr mobil. Führt man sie im Garten ein, werden sie meistens dem Nachbarn nützlichere Dienste leisten als Ihnen selbst.

Allerdings gibt es eine Gruppe von Nützlingen, Nematoden, die sich für das Freiland besonders eignen. Diese mikroskopisch kleinen Fadenwürmer werden mit dem Gießwasser auf das Substrat oder die Pflanzen ausgebracht und töten den spezifischen Schädling. Es gibt Nematoden für die Bekämpfung von Schnecken, Gefurchten Dickmaulrüsslern, Karotten- und Kohlfliegen, Kohlschnaken, Zwiebelfliegen, Ameisen, Raupen, Blattwespen, Fransenflüglern und Apfelwicklern.

Diese Schädlingsbekämpfer sind biologisch und leicht anzuwenden: aussetzen und abwarten.

1 Schwebfliegen sollten durch das Pflanzen von vielen bestäubungsfreundlichen Pflanzen gefördert werden.
2 Florfliegen sind weitere Verbündete im Kampf gegen Blattläuse.

Superfoods

Der Eigenanbau von Gemüse und Früchten gehört zu den besten Maßnahmen für ein gesundes Leben und den Schutz vor Krankheiten und anderen Beschwerden.

Es ist nicht neu, dass Obst und Gemüse aufgrund seines Gehalts an Vitaminen und Mineralien für den Menschen sehr gesund sind. Sie sind ein wesentlicher Bestandteil der gesunden Ernährung, helfen das Immunsystem zu stärken und damit Krankheiten und Leiden abzuwehren.

Frisches Obst und Gemüse sind ein Quell an Mineralstoffen, darunter vor allem an Selen, Kupfer, Magnesium und Eisen. Selen ist ein wichtiges Mineral, das in gekauftem Obst und Gemüse nicht vorhanden ist. Gärtner, die jedoch ihr eigenes Obst und Gemüse anbauen, nehmen Selen mit der Nahrung auf – vorausgesetzt sie düngen biologisch. Gemüse ist für die Gesundheit noch wichtiger als Obst – und in manchen Fällen sogar doppelt so gesund.

Obwohl alle Obst- und Gemüsesorten für unseren Organismus wichtig sind, gibt es einige sogenannte Superfoods. Sie enthalten einen unglaublich hohen Anteil an gesunden Stoffen und sollten daher in jedem Kleingarten angebaut werden, um die Nahrung des Gärtners und seiner Familie zu ergänzen.

Antioxidantien
Antioxidantien sind natürlich vorkommende chemische Verbindungen mit vielen positiven Auswirkungen auf unsere Gesundheit. Sie schützen unter anderem vor Krebs, verlangsamen in einigen Fällen aktiv das Wachstum von Tumoren und töten Krebszellen ab. Antioxidantien verlangsamen den Alterungsprozess und reduzieren wirkungsvoll Herz-Kreislauf-Erkrankungen sowie Alzheimer.

Superfoods
Nachfolgend die Top-Ten der Superfoods:
Rote Bete • Kohlsorten (vor allem Brokkoli) •

Knoblauch • Kartoffeln • Kürbisse • Spinat Tomaten

Im Kleingarten ist der Anbau von Obst und Beeren beschränkt, doch **Äpfel, Blaubeeren** und die viel gepriesene **Goji-Beere** gehören ebenfalls zu den Super-Früchten.

Das Beste aus »Fünf am Tag« – ein Regenbogen für die Gesundheit
Obwohl die Kampagne »Fünf am Tag« zur Verbesserung der Gesundheit gut eingeschlagen hat, haben viele nicht erkannt, dass damit eine gute Mischung aus unterschiedlichem Obst und Gemüse gemeint ist, und 400 g von diesen insgesamt täglich verzehrt werden sollten. Abwechslung ist der Schlüssel für ein gesundes Leben. Sorgen Sie dafür, dass Ihre »Fünf am Tag« unterschiedliches Obst und Gemüse in so vielen Farben wie nur möglich enthalten. Die Farbpigmente in Lebensmitteln sind unterschiedlich zusammengesetzt, und wenn Sie sozusagen einen Regenbogen an Gemüse und Obst verzehren, tun Sie mehr für Ihre Gesundheit als nur mit einer Farbe.

Frische ist der wichtigste Faktor, damit Obst und Gemüse die Gesundheit verbessern können. Und der beste Weg, das frischeste Produkt zu erhalten, ist Eigenanbau.

Brombeeren sind reich an Vitaminen und Mineralien und ausschlaggebend für eine gesunde Ernährung.

1 Rote Bete ist ein Top-Superfood ...
3 ... und Tomaten.

2 ... wie auch Knoblauch
4 Blaubeeren gehören zu den Super-Früchten.

JULI

1 Chili benötigt diesen Monat regelmäßige Pflege.
3 Das Aushülsen der ersten dicken Bohnen ist eine Freude.

2 Stachelbeeren zu pflücken, kann schmerzhaft sein.
4 Bohnen regelmäßig ernten, damit sie nachwachsen.

Diesen Monat ...

Es ist Hochsommer und im Garten sollte alles prächtig gedeihen – wie prächtig hängt allerdings davon ab, wie viel Zeit, Mühe und Hingabe die Gärtner auf ihre Parzelle und die Pflanzen verwenden können.

Sorgen Sie dafür, dass all die harte Arbeit im Vorfeld nicht umsonst gewesen ist. Nehmen Sie den Fuß nicht gerade jetzt vom Gas, bleiben Sie wachsam und behalten Sie als wichtigste Aufgabe die Aussaat von schnell reifenden Pflanzen wie Salaten bei. Gießen und Düngen (besonders von Pflanzen in Behältern) sowie die Bekämpfung von Schädlingen, Krankheiten und Unkräutern ist angesagt.

Da dies ein Monat der Schulferien ist, ist es der optimale Zeitpunkt, die Hilfe der ganzen Familie in Anspruch zu nehmen. Kinder profitieren von Tagen im Kleingarten: Sie können ihre Erfahrungen später für schulische Projekte nutzen und etwas über Pflanzenwachstum, die Herkunft von Gemüse und die Tiere lernen, die im Garten vorkommen.

Nachdem die Knochenarbeit im Frühjahr verrichtet wurde, kann man nun im Juli die Früchte dieser Mühen ernten und all die köstlichen Produkte genießen, die die Parzelle zu einem wahren Paradies werden lassen. Nun können Sie regelmäßig und genau zum Reifepunkt ernten. Lassen Sie Obst und Gemüse nicht so groß wie möglich werden, es sei denn, Sie möchten beim Kleingartenwettbewerb einen Preis gewinnen. Die besten Aromen liefern junge Früchte und junges Gemüse. Wartet man zu lange, verlieren sie ihren Geschmack, werden zäh, faserig oder gummiartig.

Anschließend wartet Arbeit in der Küche, denn die besten Lebensmittel, die Sie je gekostet haben, wollen zubereitet werden. Jetzt ist es auch Zeit, an den Winter zu denken, vorauszuplanen und all die robusten Früchte und Gemüsesorten anzubauen, die Ihnen helfen, die kalten Wintermonate zu überstehen, ohne auf frisches Obst und Gemüse aus dem eigenen Garten verzichten zu müssen.

Wichtige Arbeiten im Gemüsegarten

• Es gibt viel zu ernten: einschließlich Spinat, Rote Bete, Karotten, Salate und Kartoffeln; Schalotten und im Frühjahr gepflanzter Knoblauch könnten ebenso erntereif sein wie überwinternde Zwiebeln. Zucchini, Erbsen und Bohnen jung ernten. Diese sollten knackig, nicht faserig sein und schnell nachwachsen.

• Bei heißem Wetter Schnittsalat in halbschattigen Beeten aussäen. Heiße und trockene Witterung kann zur Anreicherung von Bitterstoffen führen. Für beste Erträge die Rillen mit Komposterde auffüllen, gut wässern und einsäen.

• Kopfsalatsamen am besten in der Abendkühle ausbringen.

• Die Aussaat von Frühjahrs-Kohlsorten, Weißen Rüben, Asia-Salaten, Herbst-Kopfsalat, Chicorée, Fenchel und Feldsalat steht ebenfalls an.

• Auch Karotten können noch ausgesät werden. Aber Vorsicht vor der Karottenfliege beim Ausdünnen der Sämlinge!

• Es ist noch Zeit für die Aussaat von späten Erbsensorten.

• Seitentriebe bei Ranktomatensorten ausgeizen. Pflanzen immer gut stützen.

CHECKLISTE

✔ Weiterhin die Saat sämtlicher Salate und schnellwüchsiger Gemüsesorten ausbringen, um eine lückenlose Versorgung über den Sommer zu garantieren.

✔ Das Gemüse regelmäßig gießen. Das vermeidet Krankheiten, Wuchsstörungen und Schossenbildung.

✔ Lauch und Kohlpflanzen für die Winterernte auspflanzen.

✔ Rankbohnen müssen vielleicht gestutzt werden, um höhere Erträge an den vorhandenen Seitentrieben zu fördern. Dies sollte geschehen, wenn die Ranken die Spitze der Rankhilfen erreicht haben.

• Ranktomaten einkürzen, sobald sie ihre maximale Höhe erreicht haben, indem die Spitze des Haupttriebes entfernt wird. Am Blatt über dem vierten Fruchttrieb abschneiden. Buschtomaten sollten sich selbst überlassen bleiben.

• Nicht selbst bleichenden Sellerie aufhäufeln, nachdem eine schützende Papier- oder Kartonmanschette um die Stängel gelegt wurde.

GEMÜSE DES MONATS – FEUERBOHNEN

Feuerbohnen sind über einen langen Zeitraum sehr ertragreich und sehen dazu einfach schön aus.

Tipps: Samen im späten Frühjahr und Frühsommer im Freiland 5 cm tief aussäen. Für eine frühere Ernte die Samen in Töpfen von 7,5–10 cm Durchmesser, in der Frühjahrsmitte unter Glas mit leichter Beheizung ziehen und im späten Frühjahr nach kurzer Abhärtungszeit ins Freie setzen.

• Für frische Erde, z. B. Komposterde, sorgen.

• Die Pflanzen benötigen Kletterhilfen. Traditionell werden sie in zwei Reihen an 2,5 m hohen Bambusstäben gezogen, die 30 cm tief in den Boden eingelassen sind. Einen Abstand von 20 cm zwischen den Stützen und 45 cm zwischen den Reihen einhalten, die ein umgekehrtes V bilden.

Säulenapfel   Fire Dance
Malus Fire Dance
(var Sleine Mittelgabe

>>Die ersten Kartoffeln
des Jahres aus der
Erde zu nehmen, ist
fast wie eine Schatz-
suche und löst bei allen
Begeisterung aus.<<

Frittata aus frischen Erbsen & Tomaten

Für 4 Personen

Zubereitungszeit:

20 Minuten

Zutaten:

125 g frische Erbsen

2 EL Olivenöl

Bund Frühlingszwiebeln, geschnitten

1 Knoblauchzehe, zerdrückt

125 g Kirschtomaten, halbiert

6 Eier

2 EL gehackte Minze

Handvoll junger Erbsentriebspitzen (wahlweise)

Rauke

Parmesan, grob gerieben (wahlweise)

Salz und Pfeffer

1 Erbsen drei Minuten in leicht gesalzenem, kochendem Wasser blanchieren. Abgießen und mit kaltem Wasser abschrecken.

2 Öl in einer ofenfesten, beschichteten Pfanne erhitzen. Frühlingszwiebeln und Knoblauch zwei Minuten anbraten. Tomaten und Erbsen dazugeben. Den Grill vorheizen.

3 Eier mit dem Schneebesen aufschlagen, Minze untermischen und mit Salz und Pfeffer würzen. Eimasse in die Pfanne geben, junge Triebspitzen (falls gewünscht) darüber streuen und bei mittlerer Hitze 3–4 Minuten leicht stocken lassen.

4 Pfanne unter den heißen Grill in den Backofen schieben und die Frittata 2–3 Minuten grillen, bis sie eine leicht gebräunte Farbe angenommen hat und fest geworden ist. Leicht auskühlen lassen. Anschließend in vier oder acht Tortenstücke teilen. Falls gewünscht, mit Rauke und Parmesan bestreuen.

Wichtige Arbeiten im Obstgarten

• Zweige von Apfel-, Renekloden- und Pflaumenbäumen brechen häufig unter der Last ihrer Früchte. Schwer tragende Äste daher mit einer soliden V-förmigen Stütze sichern.

• Nach dem Abwurf unreifer Früchte im Juni Äpfel ausdünnen, falls die Früchte noch zu dicht hängen. Schadhafte Früchte und die mittlere Frucht der Büschel entfernen.

• Sommerschnitt bei Spalieräpfeln und -birnen. In nördlichen Regionen diesen bis zum August hinauszögern. Seitentriebe länger als 25 cm von der Abzweigung bis auf eine Knospe über dem nächsten Blattansatz einkürzen. Den Neuaustrieb vom Leittrieb auf drei Knospen über dem Blattansatz zurückschneiden. Fruchttriebe und Wasserschossen vom Leittrieb entfernen.

• Sind die Sommer-Himbeeren geerntet, die alten Fruchtruten bis auf den Boden zurückschneiden. Den Neuaustrieb an Rankhilfen binden. Im Herbst tragende Himbeeren nicht schneiden. Dies geschieht im Spätwinter.

• Den Neuaustrieb von Brombeeren weiterhin anbinden, lenken und dabei von den älteren Fruchtruten trennen (die fruchtenden Ruten auf die eine Seite der Rankhilfe und die neuen Trie-

Freistehende Äpfelbäume sind dekorative Elemente in einem Garten.

be zur anderen Seite binden), um spätere Schnittmaßnahmen zu erleichtern.

• Brombeeren und anderes Beerenobst mit biegsamen Ruten durch Absenker vermehren.

CHECKLISTE

✔ Während längerer Trockenperioden sämtliche Obstgehölze gründlich wässern.

✔ Kirschen und Pflaumen können nach der Ernte im Sommer geschnitten werden.

✔ Erdbeerausläufer zur Vermehrung auf dem Boden befestigen.

FRÜCHTE DES MONATS – STACHELBEEREN

Stachelbeeren werden hauptsächlich zur Herstellung von Marmeladen, als Kuchenbelag oder als Nachtisch verwendet. **Tipps:** Stachelbeeren gedeihen gut auch im Halbschatten, wo sonst wenig wächst. Sie benötigen feuchte, gut durchlässige Böden und tolerieren auch exponierte Standorte.

• Büsche im Abstand von 1,5 m pflanzen. Sie können auch an Gerüsten oder als Hochstämmchen gezogen werden.

• Schnittmaßnahmen zwischen Spätherbst und Spätwinter: Den Neuaustrieb bei Büschen auf zwei Knospen und Leittriebe um ein Drittel einkürzen. Der Rückschnitt neuer Triebe auf fünf Blattansätze im Sommer fördert die Fruchtbildung.

• Pflanzen gut wässern – bei Wassermangel sind sie empfänglicher für Mehltau.

»Blaubeeren sind
unkompliziert,
benötigen jedoch
sauren Boden.
Ihre Früchte
haben einen hohen
Mineral- und
Vitamingehalt.«

Käsekuchen mit Himbeer-Baiser

Für 6–8 Personen

Zubereitungszeit:

1½–2 Stunden, plus Kühlung

Zutaten:

Boden

175 g Vollkornkekse, zerstoßen

50 g Butter, geschmolzen

½ TL Zimtpulver

Füllung

250 g Frischkäse (Philadelphia)

150 ml saure Sahne

1 TL geriebene Zitronenschale

1 EL Zitronensaft

1 TL Vanillearoma

75 g Streuzucker

1 Ei

2 Eigelb

Fruchtbelag

375 g Himbeeren, frisch oder tiefgekühlt und aufgetaut

5 EL rotes Johannisbeergelee

Baiser

2 Eiweiß

125 g Streuzucker

1 Backofen auf 150 °C vorheizen.

2 Kekskrümel mit Butter und Zimt in einer Schüssel mischen. Die Mischung in eine leicht gebutterte Tortenform mit Hebeboden flach eindrücken. Den Boder mit der Keksmischung in den Kühlschrank stellen.

3 Inzwischen die Füllung zubereiten. Frischkäse und saure Sahne gut verrühren. Zitronenschale und Saft, Vanillearoma und Zucker mit dem Schneebesen einrühren. Das Ei und die beiden Eigelbe ebenfalls kräftig einrühren, bis sich eine glatte Masse gebildet hat.

4 Die Füllung über den Boden in die Tortenform geben. Eine Stunde oder bis die Masse fest ist, backen. Den Käsekuchen aus dem Ofen nehmen und abkühlen lassen.

5 Die Himbeeren in einer Schicht über die Füllung geben. Das Johannisbeergelee in einem kleinen Stieltopf schmelzen und über die Früchte gießen. Das Gelee auskühlen und fest werden lassen. Anschließend den Kuchen mit einer Folie abdecken und im Kühlschrank mindestens sechs Stunden kühlstellen.

6 Backofen auf 180 °C vorheizen.

7 Für die Baisermasse Eiweiß steif schlagen. Die Hälfte des Zuckers unterheben und weiterschlagen, bis die Mischung steif und glänzend ist. Anschließend den restlichen Zucker mit einem Metalllöffel dazugeben.

8 Die Baisermasse sorgfältig über die Früchte füllen, bis diese ganz bedeckt sind. Anderenfalls schmilzt das Gelee. Baisermasse glattstreichen.

9 Die Baisermasse zehn Minuten, oder bis sie eine bräunliche Färbung angenommen hat, backen. Sofort servieren.

Himbeeren aus dem eigenen Garten sind unvergleichlich frisch und aromatisch.

Wichtige Arbeiten im Kräutergarten

Kräuter können auf viele Arten konserviert, gezogen und genutzt werden. Hier einige Tipps.

Konservierung von Kräutern

• Für luftgetrocknete Kräuter hängt man diese in kleinen Sträußen an einem warmen Ort auf.

• Für ofengetrocknete Kräuter blanchiert man Kräutersträuße eine Minute in kochendem Wasser. Anschließend legt man sie in den kalten Backofen und trocknet sie eine Stunde bei 120 °C.

• Für in der Mikrowelle getrocknete Kräuter legt man eine doppelte Schicht Küchenpapier in die Mikrowelle, gibt eine Lage Kräuter darauf und bedeckt diese mit einer weiteren Schicht Küchenpapier. Wählen Sie für eine Minute die höchste Einstellung. Dann Kräuter überprüfen. Jeweils 30 Sekunden weiter in der Mikrowelle belassen, bis die Kräuter trocken sind. Der Vorgang sollte nicht länger als 3 Minuten dauern.

• Kräuter mit weichem Laub behalten ihr Aroma am besten tiefgefroren. Ganze Zweige gewaschen in beschriftete Gefriertüten geben und einfrieren. Ebenso gut können Kräuter in Eiswürfelformen tiefgefroren werden. Dazu werden sie grob gehackt und zusammen mit etwas Wasser in die einzelnen Zellen gegeben.

Aufgaben für diesen Monat

• Für einen lang anhaltenden Kräutervorrat Basilikum, Koriander, Dill und Petersilie alle 14 Tage in jeweils einem kleinen Topf aussäen.

• Lorbeerbäumchen in Form schneiden, das Abgeschnittene auf ein Gitter legen und trocknen.

• Rosmarin, Lorbeer und andere mehrjährige Kräuter schneiden.

• Blüten von Kräutern wie Majoran ausschneiden, um das Blattwachstum zu fördern.

Verwendung der Kräuter

Ein Bouquet garni (Kräutersträußchen) wird traditionell bei der Herstellung von Suppen, Fonds oder Eintöpfen verwendet. Der Kräuterstrauß wird zusammen mit den anderen Zutaten gekocht und vor dem Servieren entfernt. Dazu Kräuter in ein Mullsäckchen geben oder in Lauchblätter wickeln und mit einer Schnur zusammenbinden. Dabei ein längeres Stück Schnur hängen lassen, um daran das Bouquet garni wieder entfernen zu können. Die meisten Rezepte enthalten Petersilie, Thymian und Lorbeerblätter. Je nach Wunsch kann Basilikum, Rosmarin, Bohnenkraut und Estragon hinzukommen.

KÜCHENKRAUT DES MONATS – THYMIAN

Thymian ist besonders vielseitig verwendbar. Er besitzt ein herrliches, volles Aroma, seine Blüten ziehen nützliche Insekten an und die winzigen Blätter würzen Speisen.

Tipps: Der gewöhnliche Thymian (*Thymus vulgaris*) wird am häufigsten in der Küche verwendet. Daneben gibt es jedoch zahlreiche Arten/Sorten (z. B. Zitronen-Thymian, *T. citriodorus*) mit sehr unterschiedlichen Aromen.

• Thymian gedeiht prächtig auf kargen, vorzugsweise basischen, durchlässigen Böden. Nasse Substrate mag er nicht.

• Thymian verholzt schnell. Er sollte daher nach der Blüte geschnitten werden, um seinen buschigen Wuchs zu erhalten.

• Kleine Zweige nach Bedarf oder größere Mengen zum Trocknen oder Einfrieren vor der Blüte schneiden.

Keine Tränen im Garten

Zur Familie der Zwiebeln zählen Zwiebeln – Küchenzwiebeln sowie Lauchzwiebeln, die roh in Salaten oder zur Dekoration verwendet werden –, Schalotten, Knoblauch und Lauch.

Die Zwiebelfamilie bevorzugt offene, sonnige Standorte. Diese Voraussetzungen sind für den Reifeprozess der Zwiebeln wichtig. Lauch und Lauchzwiebeln (Frühlingszwiebeln) werden grün geerntet, sind daher weniger anspruchsvoll und tolerieren sogar etwas Schatten.

Samen oder Jungpflanzen?

Die Mitglieder der Zwiebelfamilie werden entweder aus Samen gezogen oder, im Fall von Knoblauch, aus Tochterzehen, bei Schalotten aus Tochterzwiebeln. Tochterzwiebeln werden für das Auspflanzen besonders präpariert und sind die einfachste Vermehrungsmethode bei Küchenzwiebeln und Schalotten.

Sie reifen schneller als aus Samen gezogene Pflanzen (wichtig für Regionen mit kurzer Vegetationszeit oder schlechten Wetterbedingungen) und sind einfacher zu kultivieren. Pflanzen, die aus Tochterzwiebeln gezogen wurden, neigen zur Schossenbildung, blühen und fruchten vorzeitig. Allerdings sind fast alle Tochterzwiebeln hitzebehandelt, um gerade dies zu verhindern.

Bodenaufbereitung

Die besten Erträge werden auf fruchtbaren Böden erzielt. Übertreibt man es jedoch und das Substrat ist zu »fett«, produzieren die Pflanzen kaum Erträge, schießen ins Kraut und sind anfälliger für Krankheiten. Gut verrotteten Mist (oder anderes organisches Material) im Herbst oder Winter untermischen, damit er sich gründlich zersetzen kann.

Mehr als die Anwendung von Volldüngern (50 g pro Quadratmeter) bei Aussaat oder Auspflanzen ist nicht nötig. Eine Gabe Kaliumsulfat im Frühsommer unterstützt den Reifeprozess und sorgt für ein angenehmeres Aroma.

Oberirdische Pflanzenteile komplett einziehen lassen, bevor die Zwiebeln aus der Erde genommen werden.

Anbau & Pflege

Das Laub der Zwiebelfamilie bildet keine dichten Kronen aus. Sie bieten daher reichlich Raum für die Ansiedlung von Unkräutern, was insgesamt ein Problem darstellt. Außerdem sind Zwiebeln Flachwurzler. Konkurrierende Unkräuter entziehen ihnen Nährstoffe und Wasser, was zu Ernteeinbußen führt. Regelmäßiges Jäten mit der Hacke ist daher oberstes Gebot. Dabei sollte man stets vorsichtig vorgehen, um keine Zwiebel zu verletzten, was leicht zu Fäulnis führt.

Einige Mitglieder der Zwiebelfamilie neigen zur Schossenbildung. Dafür gibt es verschiedene Gründe. Am häufigsten jedoch sind überdüngte Böden oder Wachstumsstörungen schuld. Letztere können die Folge von zu frühem Auspflanzen ins Freiland bei ungünstiger Witterung oder Trockenheit während kritischer Wachstumsphasen sein.

Eine gute Lauchernte schafft einen Gemüsevorrat über mehrere Monate in Herbst und Winter.

Schärfe ist in

Die Beliebtheit der indischen, thailändischen und mexikanischen Küche hat auch die Nachfrage nach Chili gesteigert.

Die Kultur von Chili ist schon nahezu Kult. Mittlerweile gibt es Saatgutlieferanten und Gärtnereien, die ein breites Sortiment anbieten: von mild bis atemberaubend scharf. Die Schärfe dieser Früchte wird nach der sogenannten Scoville-Skala beurteilt: Milde Sorten bringen es nicht über 100 Scoville-Grad, während die schärfsten Exemplare 1 Million Scoville-Grad erreichen. Die Schärfe konzentriert sich in den Samen.

Chilis können frisch, getrocknet oder tiefgefroren verwendet werden. Getrocknet oder tiefgefroren nimmt die Schärfe normalerweise zu.

Aussaat

• Die Aussaat von Chili geschieht bei 18–21 °C in Töpfen in einem Zimmergewächshaus oder auf einem warmen Fensterbrett. Scharfe Chilis werden am besten im Spätwinter ausgesät – allerdings nur, wenn Sie für die entsprechende Wärme sorgen können, die für die langsame Keimung und das Wachstum nötig ist.

• In Töpfe mit einem Durchmesser von 7–9 cm umpflanzen, sobald sich zwei echte Blätter gebildet haben, und bei 18 °C weiterziehen.

Chilis sind ebenso nützlich in der Küche wie dekorativ.

Anbau & Pflege

Chilipflanzen gedeihen besser, wenn sie unter Glas gezogen werden, denn dies unterstützt die Entwicklung der Schärfe und des Aromas, während zu viel Feuchtigkeit diese dämpft. Im Spätsommer sollten die Pflanzen in Innenräume gebracht werden, um gut auszureifen. Man zieht sie daher am besten in Töpfen.

Im Freiland benötigen die Pflanzen einen warmen, sonnigen Standort auf gut durchlässigen Böden, die sich im Frühjahr schnell erwärmen.

• Schwerere Böden werden unter Glasglocken oder unter Gartenfolie vorgewärmt.

• Sobald die Wurzeln der Pflanze den Behälter ausfüllen, sind sie bereit, ausgepflanzt zu werden. Im Frühjahr in Töpfe mit einem Durchmesser von 23–25 cm in gute Komposterde in einem beheizten Glashaus umsetzen; im späten Frühjahr in ein unbeheiztes Glashaus und erst im Frühsommer ins Freiland bringen. Im Beet sollte ein Abstand zwischen den Pflanzen von 45 cm eingehalten werden.

• Pflanzen mit Stäben stützen und während des Wachstums anbinden.

• Triebspitzen abzwicken, sobald die Pflanze eine Höhe von 20 cm erreicht hat, um einen buschigen Wuchs zu fördern. Seitentriebe können noch weiter eingekürzt werden, um die Bildung vieler kleinerer Früchte anzuregen.

• Regelmäßig gießen und mit einem Volldünger düngen. Mit den ersten Fruchtansätzen zu einem Kaliumdünger übergehen.

• Laub regelmäßig mit lauwarmem Wasser besprühen, um einen Befall durch die Rote Spinnmilbe zu verhindern.

Erprobte und getestete RHS-Sorten

'Apache'(AGM), 'Cayenne', 'Etna' (AGM), 'Fiesta' (AGM), 'Habanero' (AGM), 'Hungarian Hot Wax' (AGM), 'Jalapeno', 'Joe's Long Cayenne', 'Prairie Fire' (AGM), 'Thai Hot Dragon', 'Super Chili'.

Chilischoten sind eine Freude, denn die Sortenauswahl, die man als Samen bekommt, ist wesentlich größer als die im Laden ...

AUGUST

1 Zucchini regelmäßig ernten, solange sie klein sind.
2 Rote Bete sieht nicht nur herrlich aus, sondern schmeckt auch köstlich.
3 Melonenkürbisse sind Schwergewichte. Für eine gute Ernte reichen wenige Pflanzen.

Diesen Monat ...

Der August ist normalerweise der beste Monat im Kleingarten. Das Wetter ist herrlich, der Garten mit dem reifenden Gemüse und Obst muss nur spärlich, aber regelmäßig gepflegt, dafür jedoch kann reichlich geerntet werden. Belohnt wird der Gärtner mit unvergleichlich guten Früchten und köstlichem Gemüse.

Außerdem ist dies der farbenprächtigste Monat. Reifende Tomaten in warmen Tönen von Rot, Gelb und Braun, rote Paprika, dunkelblaue Auberginen, flammende Töne der Roten Bete, leuchtend orangefarbene Karotten und die bunten Stängel von Mangold, gelbe Zucchini und orangerote Zucchiniblüten, die gelben, grünen oder purpurnen Hülsen der Feuer- und Gartenbohnen. Im Obstgarten herrscht eine Farbenpracht aus dicht behangenen Beerenobststräuchern und Obstbäumen.

Auch wenn der Eindruck entstehen könnte, dies sei die Jahreszeit für ein herrliches »Laissez faire«, sollte man eine Kleingartenregel beherzigen: »Keine Ferien im Sommer!« Gärtner können sich eine Auszeit nur im Winter leisten, wenn die Arbeit tatsächlich teilweise ruht. Praktisch ist nie Zeit für Ferien – es sei denn, man möchte in einen vertrockneten Garten mit verdorbenem Gemüse und Obst zurückkehren. Machen Sie stattdessen das Beste daraus, genießen Sie einfach Gartenferien und verlegen Sie das Sonnenbad auf Ihre Parzelle.

Während all die herrlichen Früchte und Gemüse in ihrer Vollkommenheit glänzen, sollte nichts von all dem Überfluss vergeudet werden. Es ist Zeit, die Tiefkühltruhe und den Vorratskeller mit tiefgefrorenem Obst und Gemüse, mit Eingemachtem, Eingelegtem, Marmeladen und getrockneten Früchten und Kräutern zu füllen. Darüber hinaus ist der Zeitpunkt günstig, sich mit den Nachbarn anzufreunden und eventuelle Überschüsse zu tauschen. Sollte sich herausstellen, dass die meisten Stangenbohnen und Zucchini im Überfluss haben, hält man sich am besten an diejenigen, die vorzugsweise Fenchel, Mais oder ausgefallenere Gemüsesorten ziehen.

Wichtige Arbeiten im Gemüsegarten

• Frühkartoffeln ernten, besonders bei anhaltend warmem, feuchtem Wetter. Sonst kann Fäule eintreten. Die oberirdischen, krautigen Teile befallener Pflanzen abschneiden, um die Ausbreitung auf die Knollen zu verhindern.

• Reifen Mais ernten. Sobald die Griffelbüschel an der Kolbenspitze braun und trocken werden und sich natürlich überneigen, steckt man einen Fingernagel in ein Maiskorn. Ist die austretende Flüssigkeit milchig, ist der Kolben reif.

• Zwiebeln ernten, sobald das Laub papierähnlich wird und sich neigt. Den Lauch nicht abknicken, das kann zu Krankheiten führen.

• Regelmäßig schnell reifendes Gemüse wie Grüne Bohnen, Tomaten, Zucchini und Gurken ernten, damit sie nicht an Geschmack verlieren. Das fördert auch die Fruchtbildung.

• Sommer-Blumenkohl bei viel Sonne beschatten, damit die Röschen nicht verbrennen. Die größeren, äußeren Blätter zum Schutz über die weißen Köpfe decken.

• Melonen- und Winterkürbisse mit Vlies unterlegen, um Fäulnis bei Bodenkontakt zu meiden.

• Mit Gartenvlies spät ausgesäte Karottensämlinge vor der Karottenfliege schützen.

CHECKLISTE

✔ Regelmäßig ernten.

✔ Schnellwüchsige Salatsorten, Frühlingskohl, Weiße Rüben, Asia-Salate und überwinternde Zwiebeln aussäen.

✔ Bedarfsgerecht wässern und düngen.

✔ Sommer-Blumenkohl bei viel Sonne beschatten.

Mais aus Eigenbau ist süß und saftig.

FRUCHTGEMÜSE DES MONATS – TOMATEN

Es gibt unzählige Sorten in allen möglichen Formen, Farben, Typen und Aromen für viele Verwendungsformen.

Tipps: Ohne Glashaus oder Folientunnel ist man gezwungen, Freilandsorten zu ziehen.

• Aussaat von der Wintermitte bis Spätwinter für die Kultur in einem beheizten Gewächshaus oder vom Spätwinter bis zum zeitigen Frühjahr in einem unbeheizten Glashaus. Freilandsaat erfolgt im (zeitigen) Frühjahr oder acht Wochen, bevor die letzten Fröste erwartet werden. Vor dem Aussetzen 10–14 Tage abhärten.

• Bei 18 °C in kleine Töpfe aussäen. Einzeln in 7–9 cm große Töpfe umpflanzen, sobald sich zwei echte Blätter gebildet haben. Die Jungpflanzen bei mindestens 10 °C weiterziehen.

»Zucchini mit einer Länge von ca. 15 cm ernten – lässt man sie zu lange an der Pflanze, wachsen sie sich zu wahren Monstern aus!«

Himbeer- & Brombeersirup

Ergibt zwei 500-ml-Flaschen

Zubereitungszeit:

2 ¾ Stunden, plus Entsaftung

Zutaten:

750 g Brombeeren

750 g Himbeeren

150 ml Wasser

mindestens 750 g Zucker

1 Brombeeren und Himbeeren in eine große Schüssel geben und mit einem Kartoffelstampfer zerdrücken. Das Wasser dazugeben. Die Schüssel über eine mittelgroße, zu einem Viertel mit kochendem Wasser gefüllte Kasserolle stellen und eine Stunde lang erhitzen.

2 Ein grobes Leinengeschirrtuch über einer großen Schüssel ausbreiten. Die Fruchtmasse erneut zerkleinern und auf das Leinentuch geben, sodass der Saft in die Schüssel tropfen kann. Einige Stunden stehen lassen.

3 Den Saft abmessen und in einen großen Topf geben. Für jeweils 600 ml Saft 375 g Zucker hinzufügen. Bei niedriger Hitze unter Rühren 10 Minuten erhitzen, bis der Zucker gelöst ist.

4 Etwaigen Schaum mit dem Löffel sorgfältig abschöpfen. Den Sirup in warme, trockene Fläschchen abfüllen. Locker verschließen.

5 Ein kleines Drahtgitter auf den Boden einer tiefen Kasserolle legen und die Flaschen in einigem Abstand darauf stellen, so dass sie sich nicht berühren. Dann den Topf mit kaltem Wasser bis zu den Flaschenhälsen auffüllen.

6 Ein Thermometer in den Topf stellen und das Wasser 1 Stunde lang langsam auf 77 °C erhitzen. Die Temperatur etwa 30 Minuten halten.

7 Die Flaschen mit einer Holzzange herausheben und auf ein Holzbrett stellen. Die Flaschen mithilfe eines Tuchs fest verschließen und abkühlen lassen. Etikettiert und an einem kühlen, dunklen Ort gelagert hält der Sirup etwa sechs Monate. Vor dem Servieren einen Teil Sirup mit vier Teilen kaltem Wasser verdünnen.

Lassi aus gemischten Beeren

Ergibt ca. 300 ml

Zutaten:

50 g Erdbeeren und Himbeeren gemischt

125 ml kalte Milch

125 ml kalter Joghurt, natur

1 TL Rosenwasser

½ TL klaren Honig

Erdbeerstückchen zum Dekorieren

1 Erdbeeren von den Kelchblättern befreien. Alle Beeren, Milch, Joghurt und das Rosenwasser in einen Mixer geben und zu einer glatten Masse vermischen.

2 Die Mischung in ein hohes Glas geben, den Honig einrühren und mit Erdbeerstückchen garniert servieren.

Wichtige Arbeiten im Obstgarten

• Eine 7,5–10 cm dicke Mulchschicht aus gut verrottetem organischem Material, die um die Stämme von Obstbäumen verteilt wird, hält die Feuchtigkeit im Wurzelbereich und verhindert die Ansiedlung von Unkräutern. Die Mulchschicht sorgfältig über den gesamten Wurzelraum – ungefähr Kronenbereich – ausbreiten. Eine Düngergabe mit Kaliumgranulat unterstützt die Fruchtbildung.

• Totes und altes Fruchtholz nach der Ernte von Spalierpflaumen und -kirschen entfernen und stattdessen die neuen Triebe anbinden.

• Sämtliche nach außen wachsende Zweige sollten gänzlich entfernt werden.

• Werden Triebe für die Überdeckung von Kahlstellen am Spalier eines eingewachsenen Baumes benötigt oder soll eine neue Wuchsform angelegt werden, wählt man ein oder zwei kräftige Triebe an der Basis des kahlen Bereichs aus und lenkt sie dort hinein. Es werden zwei entsprechende Triebe ausgesucht, um einen Reservetrieb zu haben.

• Bei Süßkirschen an Mauern wird die Hälfte des Neuaustriebs zurückgeschnitten. Gleichzeitig werden alle zu dicht wachsenden und kränkli-

Früchte regelmäßig auf ihre Gesundheit überprüfen.

chen Äste entfernt. Bei Schattenmorellen und anderen Sauerkirschen, die an Mauern gezogen wurden, werden alle abgeernteten Zweige entnommen.

• Von Fruchtfäule befallene Früchte entfernen, um eine Krankheitsausbreitung zu vermeiden.

CHECKLISTE

✔ Sommerschnitt von erzogenen (als Spalier, Kordon und Pyramiden gezogenen) Apfel- und Birnbäumen beenden, falls dies nicht im vergangenen Monat geschehen ist.

FRUCHT DES MONATS – PFIRSICH

Pfirsiche wünschen einen warmen Standort.

Tipps: Pfirsichbäume benötigen fruchtbaren, gut dränierten Boden an einem geschützten Standort. Sie sollten daher als Fächer an einem warmen, sonnigen Platz, wie z. B. an einer Holzwand oder an einem Schuppen, gezogen werden.

• Pfirsichspaliere werden zweimal ausgedünnt. Haben die Pfirsiche die Größe von Haselnüssen erreicht, wird auf einzelne Früchte in 10 cm Abstand ausgedünnt. Sind sie so groß wie Walnüsse, wird auf die endgültige Weite von 20 cm ausgedünnt.

• Pfirsiche fruchten am vorjährigen Holz. Sind sie als Fächer gezogen, wird im späten Frühjahr oder Sommer geschnitten.

• Für Neuaustrieb einige Triebe auf sechs Blätter einkürzen.

»Himbeeren zu ziehen ist einfach – sie nicht alle direkt vom Strauch zu essen, sondern einige für die Küche übrig zu lassen, ist das eigentliche Problem!«

Sommer-Pudding

Zubereitungszeit:

20–25 Minuten, plus Kühlung

Zutaten:

500 g Brombeeren und Schwarze Johannisbeeren, gemischt

3 EL klaren Honig

125 g Himbeeren

125 g Erdbeeren, halbiert

8 Scheiben Vollkornbrot ohne Rinde

Rote Johannisbeeren und Minzezweige zum
Garnieren

Schlagsahne

1 Brombeeren und Schwarze Johannisbeeren
mit dem Honig in eine schwere Kasserolle
geben. Sanft unter gelegentlichem Rühren
10–15 Minuten erhitzen, bis die Früchte weich
sind. Himbeeren und Erdbeeren dazugeben und
abkühlen lassen. Die Fruchtmasse leicht aus-
pressen und den Saft auffangen.

2 Aus dem Brot drei runde Scheiben mit dem
Durchmesser einer 1-Liter-Puddingform ausschneiden. Das restliche Brot so zuschneiden,
dass die Seiten der Puddingform damit ausgelegt werden können. Das Brot mit dem Fruchtsaft tränken.

3 Boden der Puddingform mit einem der Brot-
kreise auslegen und den Rand mit zugeschnitte-
nen Brotstücken auskleiden. Die Hälfte der
Fruchtmasse in die Form geben und einen Brotkreis darüberlegen. Die restliche Fruchtmasse
einfüllen und mit einem Brotkreis bedecken.

4 Einen Teller auf den Pudding legen, der in die
Puddingform passt, und mit einem Gewicht von
einem Pfund (500 Gramm) beschweren. Über
Nacht in den Kühlschrank stellen.

5 Den Pudding auf eine Servierplatte stürzen
und eventuell restlichen Fruchtsaft darübergie-
ßen. Mit Roten Johannisbeeren und Minzezwei-
gen garnieren und mit Schlagsahne servieren.

August

Stielgemüse

Stangensellerie

Unkompliziert sind selbstbleichende Sorten. Ist Zeit kein Problem, dann lieber wegen des besseren Aromas den Bleichsellerie verwenden.

• Um zähen, faserigen Sellerie zu vermeiden, dürfen die Pflanzen nicht unter Wachstumsstörungen leiden. Sie müssen daher sorgfältig umgepflanzt, abgehärtet und gegossen werden.

Aussaat

Die Aussaat geschieht von Anfang bis Mitte Frühjahr in Saatplatten oder Töpfen bei 15 °C.

• Sämlinge einzeln in Töpfe von 7,5 cm Durchmesser, Module oder Pikierplatten setzen. Nach dem Abhärten können die Pflänzchen ins Freie gepflanzt werden, sobald sie eine Höhe von 7,5 cm erreicht oder fünf bis sechs Blätter ausgebildet haben.

Anbau & Pflege

Für beste Erträge zieht man Sellerie in einer Furche, die im vorausgegangenen Herbst angelegt und mit reichlich organischem Material gefüllt wurde. Für Bleichsellerie sollte die Furche 8–10 cm tief sein.

• Der Pflanzabstand beträgt 20–25 cm. Selbstbleichende Sorten blockweise setzen, damit sich die Pflanzen gegenseitig beschatten können, was den Bleichvorgang fördert.

• Während Trockenperioden regelmäßig wässern und während des Sommers alle zwei Wochen mit einem ausgewogenen Flüssigdünger düngen. Eine leichte Gabe mit einem Stickstoffdünger steigert den Ertrag, sobald sich die Pflanzen etabliert haben.

• Um den Bleichsellerie im Spätsommer Erde anhäufeln. Dieser Vorgang ist im zeitigen Herbst beendet, wenn nur noch die Laubspitzen aus der Erde ragen. Alternativ kann man die Pflanzen mit Packpapier oder Ähnlichem umhüllen und leicht mit Bindfaden befestigen. Bei Frost oder Kälte die Spitzen mit Stroh oder Vlies abdecken.

Ernte

Gut wässern, bevor die Pflanze aus der Erde genommen wird. Selbstbleichenden Sellerie vom Spätsommer bis zu den ersten Frösten ernten. Forsthärtere Bleichselleriesorten von Mitte Herbst an.

Von der Royal Horticultural Society erprobte und getestete Sorten: Bleichsellerie: 'Granada' (AGM) 'Octavius' (AGM), 'Victoria' (AGM); selbstbleichend: 'Celebrity' (AGM), 'Golden Self Blanching', 'Lathom Self Blanching' (AGM)

Stielmangold & Schnittmangold

Der Anbau dieser Gemüsepflanzen ist einfach. Eine Aussaat genügt für Monate. Üblich sind sommerliche Ernten, doch auch im Herbst und Winter können Blätter gepflückt werden, falls die Pflanzen einen Schutz haben.

Aussaat

Samen 2,5 cm tief und in Abständen von 10 cm in Reihen mit einem Zwischenraum von 40 cm zwischen Frühjahr und Sommermitte aussäen.

Die Sämlinge auf 30 cm Abstand ausdünnen, sobald sie groß genug sind.

Anbau & Pflege

Diese Pflanzen benötigen stets frischen Boden.

• Während längerer Trockenperioden alle zwei Wochen wässern und, wenn nötig, den Sommer über mit einem flüssigen Nitratdünger düngen.

• Zur Herbstmitte die Pflanzen zum Überwintern mit Glasglocken abdecken oder zumindest die »Krone« mit Stroh oder mit Vlies schützen.

Ernte

Zwischen Aussaat und Ernte vergehen annähernd 12 Wochen. Die äußeren Stiele aus der Erde ziehen, wenn sie groß genug für die Verarbeitung sind. Regelmäßig ernten.

Von der RHS erprobte und getestete Sorten: Stielmangold: 'Bright Lights' (AGM), 'Charlotte' (AGM), 'Lucullus' (AGM), 'Rhubarb Chard' (AGM), Schnittmangold: 'Perpetual Spinach' (AGM)

1 Knollensellerie benötigt ähnliche Bedingungen wie Staudensellerie.
2 Für gute Sellerie-Ernten Boden gut feucht halten.
3 Die bunten und aromatischen Mangoldstiele sind auch ein dekoratives Element im Küchengarten.

Hühnerhaltung im Garten

Hühner sind eine Bereicherung im Kleingarten. Überlässt man ihnen ein bestimmtes Quartier, auf dem Unkraut gejätet werden muss, erledigen sie die Arbeit für den Gärtner. Außerdem fressen sie Nackt- und Weinbergschnecken und liefern mit ihrem Mist immer wieder frischen Dünger.

Wie viele Hühner?

Drei Hühner sind dort, wo Platz teuer ist, eine passende Anzahl. Zwei sind ebenfalls in Ordnung. Ein Huhn allein sollte man nicht halten, da Hühner von Natur aus sozial lebende Tiere sind.

- Hühner im legefähigen Alter kaufen.
- Die Eierproduktion funktioniert auch ohne Hahn.

Hühnerstall

Ein solider Hühnerstall ist ein trockener, wasserdichter Schutzraum mit einer Tür, die nachts, wegen der Fuchs- und Mardergefahr, geschlossen werden kann. Er sollte darüber hinaus Sitzstangen (aus Rundhölzern) als Schlafplätze und einen Nistkasten besitzen. Jedes Huhn benötigt einen Platz von mindestens 15–20 cm auf den Sitzstangen.

- Nistkasten und Boden des Schuppens mit Stroh oder Sägespänen auslegen. Heu und Sägemehl vermeiden. Jeweils vier Hühner benötigen einen Nistkasten.

- Schuppen zweimal im Monat reinigen. Die schmutzige Streu wandert auf den Komposthaufen.

Hühnergehege

Hühner benötigen auch ein sicheres Freigehege, wo sie in der Erde scharren und ein Sandbad nehmen können.

- Dieser Auslauf sollte so groß wie möglich bemessen sein, da die Hühner dort die meiste Zeit des Tages verbringen. Auch das Gehege sollte gegen Füchse gesichert sein. Die Maschendrahtwände werden zu diesem Zweck

Hühner sind eine Bereicherung für jeden Garten, in dem Platz für einen Hühnerschuppen und ein Freigehege ist.

23 cm tief in den Boden eingelassen und der vergrabene Abschnitt nach außen gebogen, sodass er vom Gehege weg zeigt. Die Tür zum Hühnergehege muss nachts geschlossen und verriegelt werden.

Futter

Hühner bekommen jeden Morgen frisches, qualitativ hochwertiges Futter in Form von Legepellets oder Legemehl. Dieses gibt man in einen Futternapf, der im Schuppen oder im Gehege aufgestellt wird. Das Trockenfutter kann mit Mais oder Weizen ergänzt und mit Muschelgrit gemischt werden. Damit bekommen die Hühner zusätzlich Kalzium, das harte Eierschalen garantiert.

Außerdem picken Hühner gern frisches Unkraut, Grasschnitt, Gartenschädlinge, überschüssiges Obst und Gemüse aus dem Garten und dessen Schalen auf. Am Abend sollten Futterreste entsorgt werden, denn sie ziehen Ungeziefer an. Hühner brauchen täglich frisches Wasser.

- Ehemalige Batteriehennen zu erwerben, ist eine gute Tat. Sie sind gute Legehennen und wissen ihre neue Freiheit sicher zu schätzen.

1 Zuchthennen wie Warrens sind gute Legehennen und legen täglich ein Ei.
2 Wenn Sie Hühnern freien Auslauf in Teilen des Gartens gewähren, räumen sie mit Schädlingen gründlich auf.

Ein Hauch Exotik

Es gibt viele Verwendungsmöglichkeiten für Asia-Salate: als Salate, in Eintöpfen und Suppen oder Pfannengerichten. Nachfolgend einige der beliebtesten und häufigsten Sorten, die Speisen ein zartes bis kräftiges Aroma verleihen.

Chinesischer Senf

Eine breite Sortenpalette kann bei uns angebaut werden. Mildere Sorten werden wegen ihres pfeffrigen Aromas jung in Salaten gegessen, andere werden eingelegt.

• Dünn von der Frühlingsmitte bis zum Spätsommer 1 cm tief in Reihen mit einem Zwischenraum von 25−45 cm aussäen. Einige Sorten können rund ums Jahr unter Glas ausgesät werden.

• Gut wässern, bis die Sämlinge erscheinen. Bei einer handlichen Größe auf einen Abstand von 10−30 cm ausdünnen.

• Aussaaten vom Spätsommer bringen unter Schutz bis zum Winter Erträge.

• Die jungen Blätter nach Bedarf ernten, wobei von jeder Pflanze stets nur wenige Blätter auf einmal geerntet werden.

Als Schnittware bereichert Asia-Gemüse Mischsalate mit einem breiten Spektrum an Aromen.

Mibuna & Mizuna − japanische Blattgemüse

Mibuna entwickelt dichte Büschel aus langen, schmalen und lanzettlichen Blättern. Diese haben ein leichtes Senfaroma, schmecken ausgezeichnet in Salaten oder blanchiert als Beilage. Als eines der vielfach verwendbaren Blattgemüse ist es einfach anzubauen und kann vier- oder fünfmal im Jahr geschnitten werden.

• Mizuna produziert große Köpfe aus tiefgezähnten Blättern mit pfeffrigem, kohlartigem Geschmack. Sie schmecken roh in Salaten oder angebraten in Pfannengerichten oder Suppen. Die Blütenstängel verwendet man wie Brokkoli.

• In Abständen im Sommer ins Freiland aussäen oder unter Glas im zeitigen Herbst. Ausgesät wird entweder direkt ins Erntebeet oder in ein Saatbeet mit anschließendem Umsetzen ins Beet sowie in Töpfe oder Multitopfplatten.

• Pflanzen, die jung verwendet werden, sollten in einem Abstand von 10−15 cm stehen; die häufig wegen ihrer Blätter geschnittenen in einem Abstand von 20 cm und die größeren Pflanzen in 30−40 cm Abstand.

• Pflanzen in Trockenperioden stets gut wässern.

Pak Choi − Senf- oder Blätterkohl

Junger Pak Choi wird in Salaten oder Pfannengerichten verwendet. Halb- oder vollreif schmeckt er gedünstet in asiatischen Gerichten.

• Pak Choi gedeiht am besten auf fruchtbaren Böden an sonnigen Standorten. Die Aussaat erfolgt vom Frühjahrsende bis zur Sommermitte dünn und 1 cm tief in Reihen mit einem Zwischenraum von 30−38 cm.

• Junger Schnittsalat kann in milden Regionen unter Schutz früh und spät ausgesät werden.

• Allmählich auf 7,5−10 cm für jungen Schnittsalat, 20 cm für mittelgroße Pflanzen und 25−30 cm für ausgewachsene Pflanzen ausdünnen. Pflanzen gut wässern.

Asiatisches Blattgemüse wie Senfspinat ist in der Küche vielseitig verwendbar.

SEPTEMBER

1 | 2

3 | 4

1 Gute Apfelernten sind einfach zu erzielen. 2 Zucchini bringen reiche Erträge.
3 Jetzt ist der letzte Monat für eine natürliche Tomatenreife. 4 Von Kürbissen gedeiht eine ganze Reihe aromatischer Sorten.

Diesen Monat ...

Der September markiert den Beginn des Herbstes, die Jahreszeit der Obsternte, samt warmem Wetter und Altweibersommer. Es gilt, noch viele lange und glückliche Tage im Garten zu verbringen. Nutzen Sie das gute Wetter für die nötigen Aufgaben. Es gibt noch viel zu ernten, und vielleicht bleibt Zeit, für die ersten, so wichtigen Vorbereitungen für den kommenden Winter.

Auch wenn die leuchtenden Sommerfarben verblassen, entfachen reifende Tomaten, Paprika und die ersten jener treuen Begleiter des Winters – die Kürbisse – ihre ganze Farbpracht. Sie alle müssen die Sonne weidlich für die Reife nutzen, die allein einen perfekten Geschmack und gute Lagerfähigkeit verspricht.

Nicht zu vergessen sind die Farben der Äpfel und Birnen, die jetzt zwischen dem Laub erscheinen. Sie direkt vom Baum zu pflücken, gehört zu den großen Freuden des Herbstes. Zieht man Herbst-Himbeeren, sind diese Kostbarkeiten von unvergleichlichem Aroma ein lang herbeigesehnter Genuss.

Lässt der Überfluss des Sommers nach und werden die Ernten spärlicher, ist im Garten die Zeit für den »Herbstputz« gekommen. Haben Sie es vergessen – was einem ehrenhaften Gärtner natürlich nie passiert – , dann sollten Sie jetzt reichlich Komposthaufen anlegen. All die Vegetation zum Ende der Saison wirft gutes Material zur Verbesserung des Bodens und für Mulch ab und darf daher nicht einfach entsorgt werden.

Darüber hinaus ist dies der Monat, in dem die Unkräuter zu sprießen beginnen. Diese so schnell wie möglich – und vor allem vor der Blüte und Versamung – entfernen, um die Kontrolle nicht zu verlieren. Vorausplanende Maßnahmen sind der Schlüssel zu einem üppigen, erfolgreichen Garten.

Wichtige Arbeiten im Gemüsegarten

• Aussaat für die Gründüngung mit Ackersenf und Deutschem Weidelgras, um die Verunkrautung, Vernässung und Bodenausschwemmung zu reduzieren. Im zeitigen Frühjahr eingearbeitet, dienen sie auch der Bodenverbesserung. Alternativ kann man nach dem Entfernen abgeernteter Pflanzen die nackte Erde mit schwarzer Gartenfolie überdecken.

• Abgeerntete Sommerpflanzen kommen auf den Kompost. Die beste Komposterde wird durch eine Vielfalt an organischem Abfall erzielt. Härtere und größere Vegetationsteile wie Strünke von Rosenkohl sollten gehäckselt werden, um die Kompostierung zu beschleunigen.

• Fruchtende Tomaten weiter düngen: Flüssigdünger fördert die Reife der letzten Früchte.

• Freilandtomaten sollten bis zum Monatsende gepflückt sein, um in Innenräumen nachzureifen. Dafür kann der Blütenstand abgeschnitten werden, sodass die Tomaten am Zweig auf einem Fensterbrett nachreifen können. Grün bleibende Früchte nimmt man für Chutneys.

• Stangenselleriepflanzen anhäufeln oder die Papiermanschette um einige Zentimeter erhöhen. Nur die Laubspitzen dürfen herausragen.

CHECKLISTE

✔ Abgeerntete Beete umgraben – das gilt besonders bei Lehmboden – und mit gut verrottetem Kompost anreichern.

✔ Überwinternde Weiße Rüben und Zwiebeln, Spinat, Wintersalat und Asia-Gemüse aussäen.

✔ Überwinternde Steckzwiebeln pflanzen.

✔ Letzte Ernte von Zwiebeln und Kartoffeln.

✔ Winterkürbisse weiter gießen.

GETREIDE DES MONATS – MAIS

Mais braucht einen sonnigen, vor Starkwinden geschützten Standort. Das schnell reifende, frostempfindliche Getreide darf im Frühjahr kaltem Wetter nicht ausgesetzt werden. Spätes Pflanzen hat keine Auswirkung auf den Ertrag.

Tipps: Samen einzeln von Mitte bis Ende des Frühjahrs bei 18–21 °C 2,5 cm tief in Töpfe stecken. Die Aussaat kann ab dem späten Frühjahr direkt im Freiland unter Folie erfolgen. Die Abdeckung über den Pflanzen belassen, bis sie die Abdeckung berühren.

• Unter Glas gezogener Mais kann im Frühsommer ins Freie.

• Die Pflanzen werden windbestäubt. Sie sollten daher in Blocks mit einem Abstand von etwa 45 cm gepflanzt werden.

September

»Verzichten Sie auf kein Gramm Ihrer kostbaren Ernten – krempeln Sie in der Küche die Ärmel hoch, frieren Sie Überschüsse ein, bereiten Sie Gemüseaufläufe, Suppen, Chutneys und Eingemachtes zu.«

Chutney aus grünen Tomaten

Ergibt ca. 2 kg

Zubereitungszeit:

1 ¾–2 Stunden

Zutaten:

1 kg grüne Tomaten, kleingehackt

500 g Zwiebeln, fein gehackt

500 g Kochäpfel, geschält, entkernt und gehackt

2 frische grüne Chilischoten, halbiert, ohne Kerne und fein gehackt

2 Knoblauchzehen, zerdrückt

1 TL gemahlener Ingwer

1 gute Messerspitze gemahlene Nelken

1 Messerspitze gemahlene Gelbwurz

50 g Rosinen

250 g Farinzucker

300 ml Weißweinessig

1 Tomaten, Zwiebeln, Äpfel und Chili in eine große Kasserolle geben und gut vermischen. Knoblauch, Ingwer, Nelken und Gelbwurz hinzufügen und die Rosinen, den Zucker und Essig einrühren.

2 Die Mischung aufkochen lassen, die Hitze reduzieren und einen Deckel auf den Topf geben. Unter häufigem Rühren leicht 1 ¼–1 ½ Stunden leicht köcheln lassen, bis das Chutney eingedickt ist.

3 Das Chutney in warme, trockene Gläser füllen. Die Masse jeweils mit Wachspapier abdecken (gewachste Seite nach unten). Mit Schraubdeckeln luftdicht verschließen.

4 Beschriften und an einem kühlen, dunklen Ort mindestens drei Wochen vor dem Verbrauch ruhen lassen. Ungeöffnet hält das Chutney 6–12 Monate.

September

Wichtige Aufgaben im Obstgarten

• Obst regelmäßig ernten. Überreifes Obst nicht am Baum belassen. Das meiste Obst ist reif, wenn es sich leicht von Hand lösen lässt.

• Äpfel und Birnen sind im Allgemeinen ernte-reif, wenn sie sich durch eine leichte Drehbewe-gung problemlos vom Zweig lösen lassen. Bir-nen pflückt man am besten noch ein wenig unreif. Sie sollten danach einige Tage bei Raum-temperatur lagern, um auszureifen.

• Apfelbäume zeigen möglicherweise Wasser-reiser (vitale Vertikaltriebe am Altholz). Diese unproduktiven Schösslinge werden so bald als möglich komplett entfernt.

• Abgeerntete Ruten der Sommer-Himbeeren ausschneiden. Junge Triebe, die im Folgejahr Früchte tragen, anbinden. Kräftige, gesunde Ruten dafür auswählen, schwache entnehmen.

• Alte Ruten von Brombeeren und Loganbeeren nach dem Abernten ausschneiden und die neu-en Triebe des Jahres anbinden.

• In diesem Jahr gepflanzte Erdbeerbeete gie-ßen. Haben Sie noch keine neuen Beete ange-legt, ist jetzt die letzte Möglichkeit im Jahr.

• Brombeeren und anderes an Drahtgerüsten gezogenes Beerenobst mit langen, biegsamen

Gelbe Himbeeren sind ungewöhnlich und mild.

Ruten durch Absenker vermehren. Versenken Sie hierzu eine Triebspitze in die Erde und beschweren Sie das Triebende mit einem Stein. Nehmen Sie nur Absenker von produktiven Pflanzen!

CHECKLISTE

✔ Das Anbinden von Ästen der Spaliergehöl-ze beenden.

✔ Bewurzelte Erdbeerausläufer aus der Erde nehmen und eintopfen oder auspflanzen.

✔ Bei Obstbaumkrebs nach der Ernte mit einem Fungizid auf Kupferbasis spritzen.

OBST DES MONATS – BLAUBEEREN

Blaubeeren sind außerordentlich gesund und gehören in die Kategorie »Superfood« (siehe Seite 104).

Tipps: Blaubeeren benötigen einen geschützten, sonnigen Standort und feuchten, aber gut durchlässigen, sauren Bo-den. Liegt der pH-Wert Ihres Bodens über 5,5, sollten Sie die Pflanzen in Behältern kultivieren. Allerdings besteht die Mög-lichkeit, die Erde z. B. durch Schwefelchips aufzubereiten. Die Büsche pflanzt man mit 1 m Abstand zueinander.

• Wannenbeete mit einer Gartenfolie auskleiden, die für bes-seren Wasserabzug stellenweise perforiert wurde. Mit einem Substrat auffüllen, das man zu gleichen Teilen mit Rhododen-dronerde und kompostierter Rinde gemischt hat. Für die Topfkultur geeignet ist Rhododendronerde mit etwas Lehm.

September

»Birnen aus Eigenanbau isst man am besten in der Badewanne – sie sind so saftig, dass man sich nur so vor Saftflecken schützen kann.«

Brombeer-Apfel-Marmelade

Ergibt ca. 3,25 kg

Zubereitungszeit:

1 ½ Stunden, plus Ruhezeit

Zutaten:

1 kg nicht vollständig ausgereifte Brombeeren

1,75 kg Zucker

1 kg Kochäpfel

300 ml Wasser

125 ml Zitronensaft

1 Brombeeren abbrausen, abtrocknen lassen und in einer großen Schüssel mit dem Zucker bedecken. Über Nacht stehen lassen.

2 Äpfel schälen, entkernen und in Scheiben schneiden. Schalen und Kerngehäuse in eine Kasserolle geben und das Wasser angießen. Aufkochen und unbedeckt gut 20 Minuten kochen lassen, bis das meiste Wasser verdampft und eine breiige Masse entstanden ist.

Die Mischung durch ein feines Sieb in eine große Kasserolle streichen.

3 Apfelschnitzen in die Kasserolle und die Brombeeren mit ihrem Saft und samt dem teilweise noch unaufgelösten Zucker dazugeben. Die Mischung sanft erhitzen und simmern lassen. Ungefähr 10 Minuten rühren, bis sich der Zucker vollständig aufgelöst hat und die Früchte weich sind. Zitronensaft angießen.

4 Die Marmelade zum Kochen bringen und weiter kochen, bis sie erstarrt. Topf von der Platte nehmen und sorgfältig etwaigen Schaum abschöpfen.

5 Die Marmelade in warme, trockene Gläser füllen. Die Oberfläche jeweils mit Wachspapier (gewachste Seite nach unten) bedecken und mit einem Schraubdeckel oder Zellophan luftdicht verschließen. Beschriften und abkühlen lassen. Anschließend an einem kühlen, dunklen Ort aufbewahren.

Die Marmelade hält sich 3–4 Monate.

September

Kohl

Die Gattung Kohl *(Brassica)* umfasst wichtige Gemüsearten. Sie liefert fast das ganze Jahr über Ernten. Besondere Bedeutung kommt den Kohlarten vom Winter bis zum zeitigen Frühjahr zu, wenn kaum anderes frisches Gemüse verfügbar ist.

Zur Gattung *Brassica* gehören unter anderem Weißkohl und Grünkohl, Blumenkohl, Rosenkohl, Brokkolisorten als auch Wurzelgemüse wie Kohlrabi, Steck- und Weiße Rüben. Alle haben dieselben Bedürfnisse und Anfälligkeiten und sollten daher im Fruchtwechsel kultiviert werden.

Anbau & Pflege

Kohlsorten bevorzugen sonnige Standorte, wobei Rosenkohl und Grünkohl auch lichten Schatten tolerieren. Optimal sind nährstoffreiche, basische Böden mit einem pH-Wert von 6–7,5. Saure Böden vor der Aussaat kalken.

Blattkohl sollte an seinem endgültigen Standort zudem ein krümeliges, stabiles Substrat vorfinden, um feste Herzen oder Köpfe auszubilden. Vor dem Anpflanzen die Erde daher glattrechen und festtreten.

An exponierten Standorten lohnt es sich, Erde um die Strünke überwinternder Sorten anzuhäufeln, das gilt vor allem für Rosenkohl. Alternativ werden die Pflanzen gestützt.

Anzucht aus Samen

Sämtliche Kohlsaat benötigt zur Keimung eine Bodentemperatur von mindestens 7 °C. Bei Blattkohl erzielt die Anzucht in einem Saatbeet die besten Resultate. Die Saat wird hier ausgebracht und gezogen, bevor die Sämlinge ins Erntequartier gelangen.

Fehlt der Platz für ein Saatbeet und man möchte frühe Sorten ziehen oder stellt fest, dass direkt ins Freiland ausgesäte Pflanzen nicht gut gedeihen, ist eine Anzucht in Multitopfplatten im Glashaus, Wintergarten oder Frühbeet sowie auf einem Fensterbrett empfehlenswert. Bei der Aussaat im Winter oder zeitigen Frühjahr führt auch sanfte Wärme zu besseren Ergebnissen. Zwei Samen pro Modul genügen. Keimen beide Samen, den schwächsten Sämling entfernen.

Unter Glas gezogene Pflanzen werden zur Anpassung 10–14 Tage vor dem Auspflanzen abgehärtet.

Sobald im Freiland gezogene Sämlinge groß genug sind, das heißt fünf oder sechs echte Blätter entwickelt haben, setzt man sie an ihren endgültigen Standort. Am Vortag gut wässern, um den Umpflanzschock zu minimieren. Mit so viel Substrat wie möglich umpflanzen.

Vor dem Einpflanzen ein Volldüngergranulat in die Erde einarbeiten. Einige Kohlsorten reagieren empfindlich auf einen Mangel an Spurenelementen wie Bor und Magnesium. Für optimale Ergebnisse einen passenden Dünger nehmen.

Pflanzen in ein ihrer Größe entsprechendes Loch setzen, sodass die untersten Blätter auf dem Boden aufliegen. Mit reichlich Wasser eingießen, mit Erde auffüllen und andrücken.

Rosenkohl benötigt auf exponierten Standorten zuweilen eine Stützhilfe gegen stürmische Winde.

Ein solider Maschendrahtkäfig verhindert Schäden an kostbarem Wintergemüse durch Kaninchen und Vögel.

Lagerung von Gemüse und Obst

Etliche Erzeugnisse aus dem Nutzgarten können in einem kühlen, trockenen Keller, Schuppen oder einer Garage als Vorrat für die Wintermonate gelagert werden. Dabei sollte jedoch nur Gesundes verwendet werden. Regelmäßige Kontrolle ist zudem ratsam. Zeigen sich Ansätze von Fäulnis, sollten Frucht oder Gemüse umgehend vernichtet werden, um einer Ausbreitung vorzubeugen.

Äpfel

Frühapfelsorten sind nicht lagerfähig und müssen innerhalb von zwei Tagen nach der Ernte verzehrt werden. Spätere Sorten halten bei sachgemäßer Lagerung Monate. Etwas Feuchtigkeit ist bei der Haltbarkeit von Obst durchaus hilfreich. Die idealen Lagertemperaturen liegen bei 2–5 °C. Eine gute Durchlüftung ist wichtig. Äpfel sollten daher in Lattenkisten aus Holz oder Plastik gleichmäßig ausgebreitet ohne Berührung lagern; sie in Papier einzuwickeln ist noch sicherer.

Birnen

Birnen profitieren von einer Lagerung oder Nachreifeperiode vor dem Verzehr. Frühe Sorten benötigen für die Nachreife und eine weichere Konsistenz normalerweise etwas eine Woche, spätere Sorten brauchen manchmal Monate, bevor sie genießbar sind. Birnen neigen zur Fäulnis, sodass sich eine regelmäßige Kontrolle der Früchte zwingend empfiehlt. Birnen werden wie Äpfel gelagert.

Zwiebeln

Zwiebeln müssen für eine erfolgreiche Lagerung sorgfältig behandelt werden.

Hat sich das Laub gelb gefärbt, lässt man die Pflanzen zwei oder drei Wochen in Ruhe. Dann hebt man sie bei trockener Witterung mithilfe einer Grabegabel vorsichtig aus der Erde.

Dabei die Lauchblätter nach dem Ausgraben 5–7,5 cm über dem Zwiebelhals abschneiden,

um den Trockenvorgang zu beschleunigen und die Fäulnisgefahr zu reduzieren. Die Wurzeln werden ebenfalls abgeschnitten und lockere oder aufgeplatzte Schalen entfernt. Allerdings sollten nicht zu viele Schalen entfernt werden, da dies die Reife verhindert.

Zwiebeln müssen zwei oder drei Wochen entweder in der Sonne oder über Maschendraht im Schuppen getrocknet werden. Sind sie trocken, auf Tabletts mit Lattenunterlage, in Netzen oder alten Damenstrümpfen mit guter Luftzirkulation lagern. Alternativ kann man auch Zwiebelzöpfe flechten.

Kartoffeln

Obwohl überwiegend die Kartoffeln aus der Haupterntezeit gelagert werden, sind auch Frühkartoffelsorten – wenn auch kürzer – durchaus lagerfähig. Kartoffeln werden mit einer Grabegabel aus der Erde genommen, ohne sie zu beschädigen. Anschließend lässt man sie einige Stunden auf der Erde trocknen. Bevor sie eingelagert werden, reibt man die lockere Erde ab. Nur gesunde Knollen in Papier, Jutesäcken oder in dunklen Kisten mit guter Durchlüftung lagern.

Kürbisse (Gartenkürbisse)

Die Früchte sollten so lange wie möglich an der Pflanze reifen, um das beste Aroma zu entwickeln. Man schneidet und erntet sie vor dem ersten Frost.

7–10 Tage an einen warmen Ort legen, damit der Stiel versiegelt und die Schale härter wird. Das verhindert Fäulnis während der Lagerung.

Anschließend an einem dunklen, kühlen, trockenen, aber frostfreien Ort aufbewahren. Die Früchte in einzelnen Lagen auf Karton oder Holzlatten legen, die eine gute Luftzirkulation gewährleisten. Bei beschränktem Platzangebot kann man sie drei, vorzugsweise zwei Früchte hoch stapeln und sollte sie regelmäßig auf Fäulnis kontrollieren.

1 Äpfel lagern mehrere Monate über Herbst und Winter. 2 Birnen profitieren von der Lagerung oder Nachreife.
3 Zwiebeln einige Wochen vor der Lagerung in der Sonne trocknen. 4 Auch Kartoffeln benötigen einige Stunden der Trocknung.

OKTOBER

Ein Nutzgarten kann auch Schmuckgarten sein — sowohl Fetthenne als auch Salbei ziehen zudem nützliche Insekten an.

Diesen Monat ...

Auch wenn die Luft schon merklich »Biss« hat, ist der Oktober ein herrlicher Gartenmonat. Die Vegetation ist rückläufig, der Gärtner übernimmt selbst die Zeitregie und wird nicht länger von den Bedürfnissen der Nutzpflanzen getrieben.

Äpfel und Birnen sowie Kürbisse sind ebenso erntebereit wie Herbst- und Wintergemüse und beim Gedanken an die herrlichen Gerichte aus gebratenem Gemüse läuft uns das Wasser im Mund zusammen.

Warme Tage und wolkenlos klarer Himmel wechseln jetzt mit sinkenden Temperaturen. Schlagen die ersten harten Fröste schon im Oktober zu, dann machen sie allen frostempfindlichen Pflanzen den Garaus. Der Gärtner sollte daher immer ein Auge auf das Thermometer haben und frostempfindliches Gemüse oder Obst ernten. Kommt der Frost dennoch überraschend, verhilft ein Abdecken mit Gartenvlies zu einer Gnadenfrist von einigen Tagen, in denen Versäumtes erledigt werden kann, ohne weitere Schäden in Kauf nehmen zu müssen. Die letzten Tomaten, Paprika und Auberginen werden zu köstlicher Ratatouille verarbeitet, die gut in Mengen eingefroren werden kann.

Und falls der heiße Kaffee in der Thermoskanne ausgeht, kann sich der Gärtner durch Umgraben warmhalten. Schwere Lehmböden neigen im Sommer zur Verdichtung, was die Durchlüftung verhindert. Das führt zu schlechten Erträgen im Folgejahr. Umgraben bringt nicht nur Luft ins Substrat, sondern gibt dem Gärtner Gelegenheit, Unkraut zu jäten, und den Vögeln die Chance, Bodenschädlinge aufzupicken. Gleichermaßen wird durch Frost die Bodenstruktur aufgebrochen und damit die Qualität für den Anbau verbessert.

Wichtige Arbeiten im Gemüsegarten

• Die meisten Wurzelgemüse in Herbst und Winter belässt man am besten in der Erde und erntet nach Bedarf. Um jedoch Kälteperioden vorzubeugen, sollte man einige in einem frostfreien Schuppen lagern. Stangensellerie und Weiße Rüben sind besonders frostempfindlich. Karotten, die in der Erde bleiben, profitieren von einer Isolierschicht aus Stroh unter einer Plastikfolie. Pastinaken werden süßer, wenn sie einmal durchfrieren.

• In kalten Regionen nimmt man Karotten, Rote Bete und Weiße Rüben aus der Erde und lagert sie über den Winter ein.

• Gartenkürbisse bei Reife ernten.

• Tomatenpflanzen im Freiland ausgraben und für die Nachreife mit der Spitze nach unten im Glashaus aufhängen.

• Karotten und Erbsen können in milden Regionen noch immer in Frühbeete ausgesät werden.

• Radieschen, Gartenkresse und Wintersalate werden in Growing Bags (Pflanzsäcken) im Glashaus ausgesät.

• Die absterbenden oberirdischen Teile von Topinambur bis zum Boden herunterschneiden und die Knollen nach Bedarf ernten.

Pastinaken gehören zu den Erntefreuden des Herbstes.

CHECKLISTE

✔ Das Pflanzen von Steckzwiebeln beenden.

✔ Anhäufeln von Stangensellerie beenden.

✔ Rosenkohl anhäufeln oder an Stützen binden, um Windschäden zu vermeiden.

✔ In milden Regionen Gründünger aus Ackerbohnen, Saatwicken und Deutschem Weidelgras aussäen.

✔ Das Auspflanzen von Frühlingskohl beenden. Mit Netzen vor Vögeln schützen.

GEMÜSE DES MONATS – RIESENKÜRBIS

Der Riesenkürbis ist eine kriechende und krautige Pflanze, die viel Platz benötigt – ein fabelhafter Bodendecker!

Tipps: Die Aussaat geschieht von Mitte bis Ende des Frühjahrs 1 cm tief einzeln in 7,5 cm breiten, mit Komposterde gefüllten Töpfen. In einem Zimmergewächshaus bei 18–21 °C halten.

• Im Freiland die Samen 2,5 cm tief bis zum Frühsommer ausbringen und mit Glasglocken bedecken. Diese bleiben nach der Keimung noch 2 Wochen über den Pflanzen.

• Die lagerfähigen Kürbisse benötigen einen sonnigen, geschützten Standort und fruchtbaren, frischen Boden.

• Gute Resultate erzielt die Pflanzung in Pflanzsäcken.

• Die Pflanzen gießen, ohne das Laub nass zu machen.

Oktober

»Die Riesen des Gemüse-
gartens – Kürbisse – sind
eine vielseitig verwend-
bare und köstliche Berei-
cherung der herbstlichen
Küche und verdienen
unsere Aufmerksamkeit
und Pflege.«

Würzig gebackenes Herbstgemüse

Für 6 Personen

Zubereitungszeit:

50–55 Minuten

Zutaten:

1 TL Fenchelsamen

1 TL Kreuzkümmelsamen

1 TL Koriandersaat

½ TL Gelbwurz (Pulver)

½ TL Paprika (Pulver)

2 Knoblauchzehen, gehackt

3 EL Olivenöl

Salz und Pfeffer

500 g Birnenkürbis 'Butternut', geschält, halbiert, entkernt und in dicke Scheiben geschnitten

4 kleine Pastinaken, ca. 425 g, in Quadrate geschnitten

3 Karotten, ca 300 g, grob gestiftelt

1 Backofen auf 200 °C/Gas Stufe 6 vorheizen.

2 Fenchel, Kreuzkümmel und Koriander im Mörser oder mit dem Teigholz zerstoßen. Zusammen mit dem Gelbwurzpulver, Paprikapulver, Knoblauch, Öl, Salz und Pfeffer in eine große Plastiktüte füllen. Die Tüte gut verschließen und schütteln, bis sich die Gewürzmasse gut gemischt hat.

3 Anschließend das geschnittene Gemüse zu den Gewürzen in die Plastiktüte geben, verschließen und am oberen Ende so lange herumschleudern, bis das Gemüse vollständig von Gewürzen umgeben ist.

4 Das Gemüse in einen Bräter füllen und 35–40 Minuten im Ofen backen. Einmal wenden, bis die Stücke von allen Seiten gebräunt und zart sind. Auf einer Platte servieren.

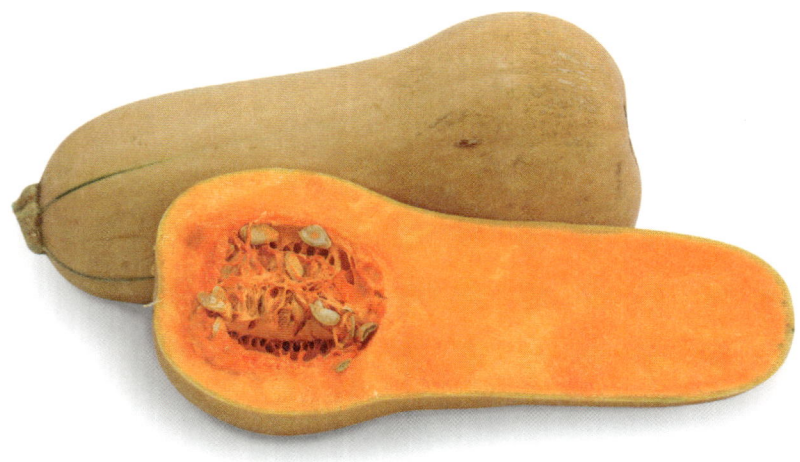

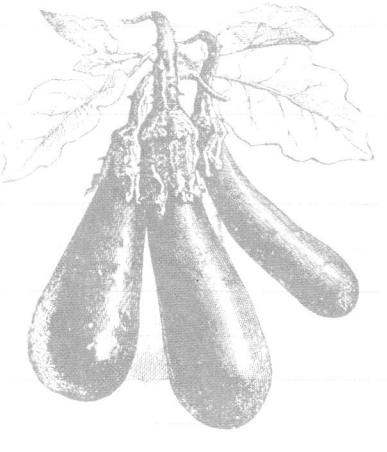

Wichtige Arbeiten im Obstgarten

- Äpfel und Birnen zum sofortigen Verzehr oder zur Lagerung ernten. Nur unbeschädigtes Obst einlagern, um Fäulnis zu vermeiden.

- Hartholz-Stecklinge von Blaubeeren, Johannisbeeren, Stachelbeeren, Feigen und Weinreben nehmen; nur gesunde Pflanzen vermehren.

- Dafür kräftige, gesund aussehende, ca. 25–30 cm lange Triebe entnehmen. Die Basis unterhalb einer Knospe und die Spitze unmittelbar über einer Knospe anschneiden und die weiche Spitze entfernen. Die Schnittfläche an der Basis mit einem Bewurzelungshormon behandeln. Die Stecklinge zur Hälfte bis zu zwei Dritteln ihrer Länge in eine V-förmige, mit grobem Sand oder Grit ausgekleidete Mulde stecken. Die Pflanzmulde gräbt man, indem man einen Spaten in den Boden steckt und ihn nach vorne schiebt. Im Herbst darauf ist der Steckling bewurzelt und kann ausgepflanzt werden.

- In kalten Regionen erhalten an Mauern gezogene Feigen einen Winterschutz. Junge Exemplare können so besser überwintern und die Früchte des Folgejahres ansetzen. Dafür die Bäume mit Plastiknetzen überziehen und zwischen Pflanze und Netz Stroh oder anderes Isolationsmaterial stecken. Dieser Schutz bleibt bis Ende der Frostgefahr im Frühjahr bestehen.

- Mit Krankheiten infiziertes Laub von Äpfel-, Birnen-, Pflaumen- und Pfirsichbäumen so schnell wie möglich aufrechen.

- Leimbänder an den Stämmen von Apfelbäumen anbringen, um im Folgejahr Schäden durch die Eiablage von Frostspannerweibchen zu verhindern. Auch Baumstützen müssen mit Leimringen geschützt werden, wenn sie dem Frostspanner Zugang zu den Zweigen bieten.

- Pfirsich- und Nektarinenbäume beim Blattfall mit einem Fungizid auf Kupferbasis spritzen, um vor der die Blattkräuselkrankheit zu schützen.

- Alte Erdbeerbeete säubern. Gelbes Laub, Stroh, alte Ausläufer und alle Pflanzen entfernen, die einen Virus haben könnten.

CHECKLISTE

✔ Weiterhin Äpfel, Birnen und Pflaumen entfernen, die Fruchtfäule haben, um ein Ausbreiten der Krankheit zu verhindern.

FRUCHT DES MONATS – BIRNE

Ihr saftiges Fruchtfleisch macht die Birne so beliebt. Gezogen werden Birnen am Spalier als Kordon, Pyramide oder Busch.

Tipps: Birnen benötigen zur Bestäubung normalerweise einen Partner. Siehe Bestäubungsgruppen auf Seite 30.

- Birnen gedeihen an sonnigen, windgeschützten Standorten. Für frostgefährdete Standorte eignen sich später blühende Sorten wie 'Beth' oder 'Vereinsdechantsbirne'.

- Birnen brauchen im Sommer viel Feuchtigkeit.

- Bei Spalierbirnen im Spätsommer den Neuaustrieb auf zwei Knospen zurückschneiden, Fruchtsprosse werden im Winter ausgedünnt. Als Busch gezogene Birnen im Winter schneiden. Dabei krankes und totes Holz und nach innen wachsende Zweige entfernen.

»Eigene Pflanzen
kostenlos vermehren –
indem man neue
Obststräucher aus
Hartholzstecklingen
gewinnt.«

Birnen-Kardamom-Flan

Für 6 Personen

Zubereitungszeit:

1 ½ – 1 ¾ Stunden, plus Kühlung

Zutaten:

Teig

175 g Mehl

¼ TL Salz

100 g Butter, gewürfelt, eine weitere Portion
    zum Fetten des Blechs

2 EL Kristallzucker

1 Eigelb

Füllung

125 g weiche Butter

75 g Kristallzucker

2 kleine Eier, leicht geschlagen

75 g gemahlene Haselnüsse

25 g gemahlenen Reis

Samen aus 2 Kardamomkapseln, zerstoßen

1 TL geriebene Zitronenschale

4 EL saure Sahne

3 kleine, feste Birnen

1 Mehl und Salz in eine Backschüssel sieben und die Butter mit den Fingern untermischen, bis feine Brösel entstanden sind. Zucker, das Eigelb und 1–2 EL kaltes Wasser einrühren, bis ein weicher Teig entsteht. Den Teig durchkneten, in Folie schlagen und 30 Minuten im Kühlschrank ruhen lassen.

2 Teig auf leicht bemehlter Fläche ausrollen und damit den Boden einer gefetteten, hohen Tortenform mit einem Durchmesser von 23 cm auslegen. Den losen Boden mit dem Teig herausnehmen und weitere 20 Minuten sehr kalt stellen.

3 Den Teig blindbacken. Dafür Backofen auf 220 °C/Gas Stufe 7 vorheizen. Backpapier über den Teig legen, mit getrockneten Erbsen beschweren und 10 Minuten backen. Papier und Erbsen entfernen und weitere 10–12 Minuten backen, bis der Teig goldgelb ist. Die Ofentemperatur auf 180 °C/Gasstufe 4 reduzieren.

4 Währenddessen die Füllung herstellen. Die Butter mit dem Zucker in einer Schüssel aufschlagen, bis die Masse schaumig geworden ist. Anschließend die Eier nach und nach und in kleinen Mengen einrühren, bis alles vollständig vermischt ist. Mit dem Schneebesen die restlichen Zutaten mit Ausnahme der Birnen einrühren. Die Mischung in die Form geben.

5 Die Birnen schälen und halbieren. Kerngehäuse entfernen. Die Birnenhälften in dünne Scheiben schneiden und im Kreis auf der Füllung arrangieren. 55–60 Minuten backen, bis die Masse goldgelb und in der Mitte fest ist.

Oktober

Schnittblumen im Nutzgarten

Dekorative Blumen verleihen Kleingärten eine individuelle Note und ziehen Insekten an, von denen viele der Bestäubung der Pflanzen und dem Kampf gegen Schädlinge dienen.

Wo pflanzt man Blütenpflanzen?

Die Auswahl an Pflanzen, mit denen der Gärtner ein wahres Blütenparadies in seinem Nutzgarten schaffen kann, ist groß. Blumen lassen sich als Begleitpflanzen in den Gemüsegarten integrieren und als Beetumrandungen oder zur Unterpflanzung von Obstbäumen einsetzen. Sollen Blumen einfach nur Farbe in den Gemüsegarten bringen und Insekten anlocken, sind der Fantasie keine Grenzen gesetzt. Blumen passen zwischen die Gemüsereihen, in Ampeln, Töpfe, an die Schuppenwände, entlang der Gartenwege – einfach überallhin.

Ist ein Beet für Schnittblumen gewünscht, wird ein besonderes Quartier ausgesucht – idealerweise in der Vollsonne –, umgegraben, gut verrotteter Mist eingearbeitet und glatt gerecht. Wachsen die Blütenpflanzen in Reihen oder Blocks, sind sie einfacher zu pflegen.

Die Wahl der Sorten

Einjährige sind ideal für schnelle Farbtupfer, und die Kosten beschränken sich auf den Preis einiger Samentütchen. Die meisten frostharten Einjährigen können im Frühjahr direkt ins Beet ausgesät werden. Andere gedeihen besser über einen längeren Zeitraum und werden im Herbst im Glashaus ausgesät, anschließend abgehärtet und im Frühjahr ausgepflanzt.

• Einjährige in geraden Reihen aussäen, damit sie von Unkräutern zu unterscheiden sind.

• Beliebte Zweijährige sind unter anderem Fingerhut, Malven, Stockrosen und Goldlack.

• Stauden bilden das Gerüst eines Schnittblumengartens. Ihre Auswahl ist fast unbegrenzt.

• Zwiebel- und Knollenpflanzen gehören zu den bekanntesten Frühlingsblühern. Dennoch gibt

es darunter auch zahlreiche im Sommer blühende Pflanzen, wie z. B. Dahlien und Lilien.

Ausputzen welker Blüten

Um die Blütenpracht lange zu erhalten, entfernt man Verblühtes. Damit lenkt die Pflanze ihre Energie nicht in die Samenproduktion, sondern verwendet sie für neue Blüten. Die verwelkten Blüten knipst man unter dem Blütenansatz ab, bei einigen Pflanzen jedoch, z. B. beim Rittersporn, wird der gesamte Blütenschaft entfernt.

Das Ausputzen der Blüten sollte unterbleiben, wenn Samen für die Aussaat im Folgejahr benötigt werden oder bei Pflanzen mit attraktiven Samenständen, wie dem Silberblatt (*Lunaria*).

Margeriten sind auch als Schnittblumen sehr dekorativ und locken bestäubende Bienen und andere Insekten an.

1 Dahlien bringen im Spätsommer und Herbst leuchtende Farben in den Garten und sind zauberhafte Schnittblumen.
2 Narzissen und andere Frühlingszwiebelpflanzen sind in noch trüber Zeit ein Lichtblick.

NOVEMBER

Jetzt ist der ideale Zeitpunkt, junge Obstbäume zu pflanzen.
Sie werden ebenso tief eingesetzt, wie sie an ihrem Saltentandort gepflanzt waren.

Diesen Monat ...

Selbst wenn man sich im November nur wenige Tage Zeit für den Nutzgarten nimmt, zahlt sich dies im Folgejahr spürbar aus. Natürlich sind warme Kleidung und eine Thermosflasche mit einem Heißgetränk wichtig, aber in dieser verhältnismäßig ruhigen Jahreszeit ist die Gelegenheit für gründliche Aufräumarbeiten günstig. Außerdem kann man die ruhige, friedliche Atmosphäre des Gartens genießen.

In dieser Jahreszeit bereiten nicht notwendigerweise die Kälte, sondern vielmehr Nässe und Feuchtigkeit Probleme. Auf schwere Lehmböden sollte man im nassen Zustand nicht treten, um deren Struktur damit nicht noch weiter zu verdichten.

Der Boden – das wichtigste Kapital eines Nutzgartens – muss für den Winter vorbereitet werden: durch Umgraben der kahlen Beete bei Lehmboden und das Bedecken mit schwarzer Plastikfolie, zur Erhaltung seines optimalen Zustandes für den Neustart im Folgejahr. Das Überdecken des Bodens ist auf leichten, sandigen Böden besonders wichtig: Die Regenfälle in Herbst und Winter können die Nährstoffe aus der Erde schwemmen, sodass ein karges, mineral- und nährstoffarmes Substrat im Frühjahr zurückbleibt.

Diese nötigen und nützlichen Vorbereitungs- und Aufräumarbeiten haben auch einen therapeutischen Nutzen und garantieren, dass im Frühjahr weniger Zeit auf den Kampf gegen Schädlinge und Krankheiten verwendet werden muss. Alles, was man jetzt tun kann, reduziert den Arbeitsaufwand im Frühjahr.

Außerdem ist der Zeitpunkt ideal, um ältere Obstgehölze zu verjüngen, zu ersetzen oder neue Sorten zu pflanzen.

Wichtige Arbeiten im Gemüsegarten

• Überwinternde Dicke Bohnen im Freiland aussäen oder in Multitopfplatten in ein Frühbeet zum späteren Auspflanzen setzen. Zum Schutz in kälteren Regionen mit Vlies bedecken.

• In Gegenden mit wenig Niederschlägen und durchlässigen Böden Knoblauch ins Freie oder in Multitopfplatten in ein Frühbeet setzen.

• Chicoréewurzeln aus der Erde nehmen und zum Austrieb der kräftigen Knospen in Töpfen im Glashaus ziehen. Die Wurzeln herausnehmen und alle entsorgen, die keinen Durchmesser von 2,5 cm am Wurzelhals erreicht haben. Die Blätter auf 2,5 cm über dem Wurzelhals zurückschneiden. Wurzeln horizontal in Sand in einen kühlen Schuppen legen, bis sie gebraucht werden. Die Wurzeln auf einmal treiben. Dafür etwa fünf in einen 25-cm-Topf in feuchten Kompost setzen und die Krone unbedeckt lassen. Mit schwarzer Folie abdecken und bei 10–15 °C halten, damit die Köpfe treiben. Wenn sie eine Größe von 15 cm erreicht haben, sind sie fertig.

• Rosenkohl anhäufeln oder an Stützen binden, vergilbte Blätter entfernen.

• Überwinternden Kohl mit Gartenvlies oder Netzen abdecken, um Vögel abzuwehren.

Überwinternden Rosenkohl an eine stabile Stütze binden.

CHECKLISTE

✔ Abgeräumte Beete umgraben.

✔ Winterkürbisse ein oder zwei Wochen an einem warmen Ort ruhen lassen, bis der Stiel versiegelt und die Schale härter geworden ist. Anschließend trocken lagern.

✔ Eingelagertes Gemüse, besonders Zwiebeln, auf Grauschimmel und Zwiebelhalsfäule kontrollieren; siehe Seiten 156–157.

✔ Mäusefallen im Lagerraum aufstellen.

GEMÜSE DES MONATS – MANGOLD

Mangold ist problemlos zu kultivieren, schmackhaft und besitzt viele gute Inhaltsstoffe. Mehr darüber auf Seite 136.

Tipps: Sorten mit bunten Stängeln sind dank ihrer leuchtenden Farben mittlerweile beliebter als die alten Sorten.

• Regelmäßig die Außenblätter ernten, sobald sie reif sind, dann die inneren. Pflanzen, die beim Ausdünnen anfallen, können ganz verwendet werden.

• Die Saat kann dicht ausgebracht werden, indem man die Samen in schmaler Linie in einer breiten Furche ausstreut. Mangold kann auch als nachwachsender Salat gezogen werden. Dabei lässt man die Blätter nur 5 cm hoch werden. Diese nicht zu dicht über dem Boden schneiden. Ein längerer »Stielstumpf« regt zum Neuaustrieb an.

November

»Gebratene Pastinaken
sind eine Köstlichkeit
im Winter – besonders
wenn sie etwas Frost
abbekommen haben.«

Baby-Karotten & Pastinaken-Pie

Für 6 Personen

Zubereitungszeit:

2 Stunden

Zutaten:

375 g Mürbeteig | 375 g Blätterteig

1 Ei, leicht aufgeschlagen

Füllung

4 EL Olivenöl

500 g Champignons, geviertelt

1 Zwiebel, fein gehackt

2 Knoblauchzehen, zerdrückt

1 EL gehackten Thymian

250 g Karotten, gewürfelt

250 g Pastinaken, gewürfelt

150 ml Rotwein

500 ml Tomatenpassata | Salz und Pfeffer

1 Für die Füllung die Hälfte des Olivenöls in einer hitzefesten Glasform erhitzen und die Pilze mit etwas Salz und Pfeffer 4–5 Minuten goldbraun anbraten. Mit einem Schaumlöffel herausnehmen und beiseite stellen. Das restliche Olivenöl in eine Kasserole geben und Zwiebeln, Knoblauch und Thymian 5 Minuten anbraten. Karotten und Pastinaken dazugeben und weitere 5 Minuten braten, bis sie weich sind und eine goldgelbe Färbung angenommen haben.

2 Wein in den Topf gießen und 3 Minuten heftig kochen lassen. Tomatenpassata und Pilze dazugeben und mit Salz und Pfeffer abschmecken. Kurz aufkochen und abgedeckt 20 Minuten köcheln lassen. Den Deckel abnehmen und erneut etwa 20 Minuten kochen, bis das Gemüse weich und die Soße eingedickt ist. Vom Herd nehmen und abkühlen lassen.

3 Den Backofen auf 220 °C vorheizen. Den Mürbeteig in 6 gleiche Teile schneiden und diese auf leicht bemehlter Fläche ausrollen. Damit 6 eingefettete Förmchen (Durchmesser 12 cm) auslegen. Den Blätterteig in 6 Teile teilen und dünn ausrollen, bis sie etwas größer als die Formen sind.

4 Die Gemüsemischung in die Förmchen füllen. Jeweils den Teigrand mit etwas Ei bestreichen, vorsichtig den Blätterteig darauf legen und am Rand festdrücken. Überschüssigen Teig mit einem Messer abschneiden und in die Mitte der Pies einen Schlitz schneiden. Dann den Blätterteig mit Ei bestreichen und 25 Minuten goldgelb backen. Heiß servieren.

November

Wichtige Arbeiten im Obstgarten

• Der November ist für die Pflanzung neuer Obstgehölze besonders günstig. Informieren Sie sich über Pfropfunterlagen und Bestäubungsgruppen, bevor sie Obstbäume bestellen, um auch wirklich den Baum auszuwählen, der nicht zu groß wird und die entsprechenden Bedingungen für die Bestäubung vorfindet.

• Nur bei gefrorenem oder vernässtem Boden sollte nicht gepflanzt werden.

• Sorgen Sie für eine gut vorbereitete Erde mit eingearbeitetem organischem Material wie gut verrottetem Mist, Komposterde, kompostierter Rinde oder Pflanzkompost für Bäume.

• Ist der Pflanzort noch nicht bereit, wenn die georderten Bäume eintreffen, wurzelnackte Ware in Erde einschlagen. Containerware im Freien stehen lassen und nach Bedarf wässern.

• Ein Baum sollte stets in der Tiefe gepflanzt werden, in der er in der Baumschule gewachsen ist. Erde um die Wurzeln moderat anpressen.

• Bäume mit Baumbinden an Stützen sichern.

• Obstgehölze nach dem Pflanzen mit einer 5–7,5 cm dicken Schicht organischen Materials mulchen zur Unkrautabwehr und Feuchtespeicherung.

Der November ist ideal, um Beerenobst zu pflanzen.

• Alte und unproduktive Rhabarberpflanzen aus der Erde nehmen, teilen und in ein mit verrottetem Mist oder ähnlichem organischem Material aufbereitetes Substrat wieder einpflanzen. Verholzte und faulige Pflanzenteile entsorgen.

CHECKLISTE

✔ Bewurzelte Absenker von Brombeeren und Loganbeeren aus der Erde nehmen.

✔ Von Fruchtfäule befallene Äpfel, Birnen und Zwetschgen entfernen und entsorgen.

✔ Mit Krankheiten infiziertes Falllaub entsorgen.

OBST DES MONATS – HIMBEEREN

Himbeeren sind ein herrliches Gartenobst, und falls die Mühe für Rankgerüste für Sommer-Himbeeren zu groß erscheint, sind im Herbst fruchtende Himbeeren eine gute Alternative.

Tipps: Himbeeren bevorzugen leichte, etwas saure Böden (pH 5,5–6,5) mit gutem Wasserabzug, die jedoch die Feuchtigkeit halten. Die Pflanzen jährlich mit gut verrottetem Mist mulchen. Die Mulchschicht darf jedoch nicht zu tief reichen. Die Rutenbasis muss dabei frei bleiben, um nicht zu faulen.

• Sommersorten werden vorzugsweise an zwei parallel zwischen zwei 1,80 m entfernten Pfosten gespannten Drähten gezogen. Ein Schnitt erfolgt nach dem Fruchten.

• Die Ruten werden in Reihen gesetzt, jedoch maximal 6 cm tief, sonst treiben sie nicht über das Bodenniveau hinaus.

November

»Mildes Herbstwetter
ist ideal, um neue und
junge Obstbäume und
-sträucher in den
Garten zu setzen.«

Tricks, die Geld sparen

Im Kleingarten gibt es viele Möglichkeiten, Geld zu sparen. Nachfolgend eine Auswahl.

Aufbereitung von Bodenverbesserern/Mulch.
Kein Pflanzenmaterial verschwenden – kompostieren! Zunächst kleinhäckseln, den Komposthaufen so groß wie möglich anlegen, einen Boden- oder Nitratdünger hinzufügen, um das Verrotten zu beschleunigen, stets feucht halten.

Gartenwerkzeuge stets reinigen und pflegen, um ihre Haltbarkeit zu verlängern. Erdreste abkratzen und die Metallteile mit Pflanzenöl einreiben. Holzgriffe mit Leinöl behandeln.

Alte Töpfe, Saatkisten und Multitopfplatten immer wieder verwenden oder billig beim örtlichen Gartencenter erwerben. Gut abspülen.

Eigene Container oder Saatplatten anfertigen. Mit Joghurtbechern, Eierkartons, Obstkisten ...; Abflusslöcher stechen oder bohren.

Flüssigdünger selbst herstellen. Mist oder Brennnesseln als Nitratdünger, Beinwell als Kaliumdünger oder beide als Volldünger nutzen. Diese in ein Netz (Jutesack) geben und in eine Wassertonne hängen. Auf diese Weise entsteht eine Jauche. Verdünnen, bis die Flüssigkeit wie schwacher Tee aussieht und angießen.

Plastikflaschen wiederverwenden. Den Boden von Plastikflaschen abschneiden und wie kleine Glasglocken verwenden. Umgekehrt mit Wasser füllen, kleine Löcher in den Deckel bohren und damit Pflanzen tropfenweise bewässern. Alternativ in Ringe schneiden, Kupferband um den Rand wickeln, sie mit dem umwickelten Rand nach oben in den Boden stecken, um Pflanzen gegen Schnecken zu schützen.

Saatgut sparen. Die meisten Gemüsesamen sind über mehrere Jahre lagerfähig – vorausgesetzt sie sind an einem kühlen, dunklen und trockenen Ort. Außerdem kann Saatgut im eigenen Garten produziert werden. Dazu lässt man die Samen an der Pflanze reifen und sammelt sie, sobald die Ersten sich verbreiten, oder schneidet fast reife Samenköpfe und legt sie zum Reifen auf Zeitungspapier. Das Saatgut abpacken und beschriften. Wie oben erwähnt lagern – idealerweise im Kühlschrank in gut verschließbaren Gefäßen, in die keine Feuchtigkeit dringen kann. Kieselgel hinzufügen, um die Samen trocken zu halten.

FÜNF VERWENDUNGSMÖGLICHKEITEN FÜR NYLONSTRÜMPFE

1 Zur Lagerung von Zwiebeln, Schalotten und Knoblauch im Winter.

2 Als Bindematerial für Bäume.

3 Zur Aufbewahrung von Plastikbechern.

4 Zur Herstellung von Pflanztaschen und -beuteln. Die Strümpfe mit Komposterde füllen und abbinden. Löcher hineinschneiden, in die die Pflanzen gesetzt werden.

5 Als Winterschutz für Pflanzen. Dazu füllt man sie mit Mulch und umgibt damit empfindliche Pflanzen.

ZEHN WIEDERVERWENDBARE DINGE ZUM AUFBEWAHREN

1 Nylonstrümpfe (siehe oben)

2 Plastikflaschen als Gießhilfe oder als kleine Glocken zur Schneckenabwehr.

3 Eishölzchen und Plastikmesser als Pflanzetiketten.

4 Zeitungspapier für Papiertöpfe zur Nutzung in Komposthaufen und Bohnenfurchen.

5 Toilettenpapprollen zur Aussaat.

6 Joghurtbecher als Anzuchttöpfe.

7 Plastik-Obstkisten als Saattabletts.

8 Gardinen als Gartenvlies.

9 Stöcke und Stäbe als Pflanzenstützen.

10 Styroporschnitzel als Isoliermaterial.

November

Aufräumarbeiten im Garten

Sauberkeit gehört zu den obersten Prinzipien in einem Garten. Sauberkeit und Ordnung mindern die Gefahr von Krankheiten und Schädlingen, befriedigen die Nachbarn und garantieren dem engagierten Gärtner eine angenehme Nachtruhe.

Im Fall von Graswegen auf der Parzelle, diese regelmäßig mähen. Abhängig von der Witterung könnte der November hierzu die letzte Gelegenheit bieten.

Wird Gras nicht regelmäßig gemäht, breiten sich Unkräuter aus. Der Rasenschnitt kann natürlich auf den Kompost kommen, als die Feuchtigkeit haltender Mulch um Pflanzen wie Bohnen verwendet werden oder den Boden von Kartoffelfurchen vor dem Pflanzen der Saatkartoffeln auskleiden.

Fehlt die Zeit, das Gras kurz zu halten, sollte es auf Wegen durch Kies oder Rindenmulch ersetzt werden. Letztere sind einfacher zu pflegen.

Sämtliche Beetränder neu anstechen, um saubere Umrandungen zu schaffen. Damit verhindert man zudem, dass Gras in die Beete wächst und die Erträge der Pflanzen an den Beetkanten reduziert.

Bambusstäbe und andere übers Jahr genutzte Stützen aus der Erde ziehen und einsammeln. Bleiben sie liegen, vermorschen sie, werden unbrauchbar und sind Stolperfallen.

Schädlinge und Krankheiten

Sauberkeit und Ordnung auf der Parzelle beugen wie gesagt auch Problemen vor. Befallenes Laub, das liegen bleibt, bietet Sporen von Krankheitserregern das geeignete Milieu für die Überwinterung. Sie breiten sich dann auch auf gesunde Pflanzen aus. Befallene und verdächtig verfärbte Blätter daher entfernen und entsorgen.

Totes Laub und vergilbende Blätter an überwinternden Pflanzen aufrechen und entsorgen.

Unrat, Schnittreste und anderes, auf der Parzelle zurückbleibendes Material sind ebenfalls ideale Verstecke und Nistplätze für Schädlinge – besonders für Schnecken.

Einige Unkräuter dienen als Zwischenwirte für Krankheiten. Die Unkrautvernichtung verhindert nicht nur die Konkurrenz mit den Nutzpflanzen und lässt die Parzelle ordentlich und sauber erscheinen, sondern beugt auch Krankheiten vor.

Und als Letztes setzt das Umgraben von geleerten Beeten überwinternde Schädlinge und ihre Eier der Kälte und den Vögeln aus, die bereitwillig helfen, die Probleme im Folgejahr zu mindern.

Gesunde Pflanzen gehören auf den Kompost, um den Boden verbessernden Humus zu produzieren.

Beetränder neu abstechen, um ein Übergreifen der Gräser auf das Beet zu verhindern.

Bienenhaltung

Bienen liefern nicht nur Honig, sondern sie bestäuben auch die Pflanzen.

Wo hält man Bienen?

Als Erstes feststellen, ob die Bienenhaltung in der Kleingartenanlage erlaubt ist. Ist dies der Fall, sollten die unmittelbaren Nachbarn konsultiert und ihre Bedenken erörtert werden.

Honigbienen sind wesentlich produktiver, wenn ihr Bienenstock in der Sonne steht. Zudem sollte das Ausflugloch des Bienenstocks nicht auf einen Weg oder die Parzelle des Nachbarn ausgerichtet sein. Bei Kleingärten am Rand der Anlage wird die Öffnung auf eine Hecke oder einen Zaun ausgerichtet. Falls das nicht möglich ist, stellt man 2 m vor dem Stock einen Fliegengitterrahmen auf. Auf diese Weise fliegen die Bienen über Kopfhöhe hinweg.

Bienenstock-Typen

Die modernen Beuten (Behausungen) sind heutzutage entweder Hinterbehandlungsbeuten

Ein Rauchgerät – eine einfache Feuerbüchse – verbreitet Rauch, der die Bienen beruhigen soll.

oder Magazinbeuten. Wie der Name schon sagt, werden Erstere vom Imker von hinten bedient. Sie sind stapelbar, haben jedoch den Nachteil, dass sie schlechter zu ernten sind, da jede Wabe einzeln entnommen werden muss. Das Magazinsystem ist weltweit am verbreitetsten und in all seinen Formen eine Abwandlung der Langstrothbeuten des 19. Jahrhunderts. Der Zugang für den Imker ist einfacher.

Die meisten Beuten sind aus Holz, doch mittlerweile sind sie auch in modernen Materialien erhältlich – wie Kunststoff (Polystyrol). Diese werden immer beliebter, da sie leicht und billig sind, und den Bienen im Winter mehr Schutz und Wärme bieten. Außerdem sind sie einfach zu reinigen. Eine in Deutschland häufig verwendete Kunststoffbeute ist die Segeberger Beute.

Ausrüstung

Die Imkerausrüstung ist zum Teil nicht sonderlich kostspielig. Eine Honigschleuder allerdings ist durchaus teuer, kann jedoch von Imkervereinen an Mitglieder verliehen werden.

• Rauchgerät: wird genutzt, um die Bienen zu beruhigen.

• Stockmeißel: ein wichtiges Utensil, um die Magazine zu öffnen.

• Schutzkleidung: ein Overall mit Haube, Netz, Handschuhen und Stiefeln.

Ernte

Pro Beute kann der Imker einen Ertrag von ca. 13 kg Honig in einem durchschnittlichen Jahr erwarten und bis zu 45 kg in einem guten Jahr.

Für die Ernte die Waben aus dem Bienenstock im Spätsommer entnehmen und in einen bienenfreien Schuppen oder in die Küche bringen. Die Verdeckelung der Waben mit einem Messer entfernen und die Waben von beiden Seiten in einer Honigschleuder ausschleudern.

Honig rühren und abschäumen, ruhen lassen und in Gläser abfüllen.

Ein Bienenstock kann im Hochsommer bis zu 60 000 Bienen beherbergen.

DEZEMBER

*Ein gemütlicher, warmer Gartenschuppen ist
besonders bei schlechtem Winterwetter ein willkommener Schutz.*

Diesen Monat ...

Zwar ist der 21. Dezember der kürzeste Tag des Jahres, doch es gibt noch viele Stunden mit Tageslicht, um in den Kleingarten hinauszufahren und die nötigen Arbeiten der Saison zu erledigen. Und einen Vorteil hat der 21. Dezember: Danach werden die Tage wieder länger.

Das Jahresende ist eine gute Zeit, um nachzudenken. War es ein gutes Jahr, was war positiv, was negativ? Was möchte man im Folgejahr anbauen und sich vornehmen? Was um jeden Preis vermeiden? Hat man sich für die besten Sorten entschieden oder sollte man eine Abwechslung versuchen? Die am Kamin verbrachten Abende, in denen man im Sessel »geistige« Gartenarbeit leistet und zahllose Obst- und Gemüsekataloge wälzt, sind gut genutzt ... versprechen sie doch ein noch erfolgreicheres Jahr.

Die Aufstellung eines detaillierten Arbeits- und Pflanzplanes mag übertrieben erscheinen. Dennoch ist es die beste Methode, beim Kauf der Samen nichts zu vergessen. Ein Plan dient auch als Erinnerungshilfe für die Saat- und Pflanztermine und um den tatsächlichen Bedarf richtig einzuschätzen.

Jetzt ist der Monat, wo man froh sein kann, einen Gartenschuppen zu besitzen, der Schutz vor Kälte, Wind und Regen bietet. Und sollte die Anlage ein Vereinsheim haben, nutzt man dieses, um mit den anderen Kleingärtnern das vergangene Jahr Revue passieren zu lassen und Erfahrungen auszutauschen.

Dabei sollte es nicht einseitig zugehen. Jeder verrät die Geheimnisse seines Erfolges, ja, man tauscht gutes Saatgut oder andere Erzeugnisse aus eigener Produktion aus. Die sozialen Aspekte von Kleingartenanlagen sind das, was so viele Menschen heutzutage anzieht.

Wichtige Arbeiten im Gemüsegarten

• Einen Plan für den Gemüseanbau des Folgejahres erstellen, Samen ordern, Stützen, Netze, Dünger und weitere Bedarfsartikel kaufen.

• Junge Dicke Bohnen, Wintersalat und Knoblauch können ins Freie gepflanzt werden. Die Bohnen und Salate benötigen oft Schutz gegen Frost und Wind durch Glasglocken oder Vlies.

• Schalotten und Knoblauch in milden Regionen in gut dränierte Böden pflanzen. Neigen dort die Böden zur Verdichtung, Zehen in Multitopfplatten setzen.

• Abgeräumte Beete umgraben, bei Bedarf reichlich gut verrottetes organisches Material einarbeiten und dabei gleichzeitig Unkraut jäten. Leichte, sandige Böden mit schwarzer Plastikfolie überdecken, um ein Auswaschen der Nährstoffe und Unkräuter zu verhindern.

• Jetzt ist Zeit für die Anlage neuer Spargelbeete. Die Erde sollte mit reichlich organischem Material und dort, wo der Wasserabfluss ein Problem ist, auch mit Grit aufgebessert werden.

• Saatkisten und Anzuchtschalen, Töpfe und andere Gefäße gründlich reinigen, damit sie für die Aussaat im Spätwinter oder Frühjahr bereitstehen.

Knoblauchzehen einzeln und umsichtig in gut vorbereitete Erde stecken, bis nur noch die Spitze herausragt.

• Wurzelgemüse wie Karotten und Rote Bete aus der Erde nehmen und einlagern. Weiße Rüben können auch bis zur Verwendung in der Erde bleiben oder herausgenommen und in einem flachen Graben eingemietet werden.

CHECKLISTE

✔ Pflanzen gegen Schnecken schützen.
✔ Stangensellerie ernten und lagern oder mit Stroh abdecken.
✔ Topinambur jetzt pflanzen.

GEMÜSE DES MONATS – ROSENKOHL

Auch wenn F1-Sorten besser gedeihen, sind die älteren Rosenkohlsorten schmackhafter. Ungewöhnlich sind rote Varianten wie 'Red Bull' und 'Rubine', die fremdbestäubt werden.

Tipps: Dünn ca. 1 cm tief in ein Saatbeet säen. Die jungen Sämlinge auf 7,5 cm ausdünnen. Jetzt ist Erntesaison von Sorten, die Anfang bis Mitte des Frühjahrs gesät wurden. Frühe Aussaaten in kalten Regionen mit Glasglocken schützen.

• Frische Humusböden mit lehmiger Krümelstruktur sind für gute Ernten wichtig. Anderenfalls neigt der Kohl zur Schossenbildung oder die Röschen blühen vorzeitig auf.

• Sobald die jungen Pflanzen 10–15 cm groß sind, an ihren endgültigen Platz in einem Abstand von 75 cm umpflanzen. Niedrigere Sorten benötigen nur einen Abstand von 45 cm.

Dezember

»F1-Züchtungen von Rosenkohl sind eine gute Wahl, wenn Sie auf eine lange Ernte und besondere Haltbarkeit Wert legen.«

Fruchtdessert aus Stachelbeeren & Holunderblüten

Für 4 Personen

Zubereitungszeit:

20 Minuten, plus Kühlung

Zutaten:

500 g tiefgefrorene Stachelbeeren, plus einige Früchte zum Dekorieren

3 EL unverdünnten Holundersirup

100 g feiner Kristallzucker

125 g Mascarpone

150 g Karamellpudding aus der Packung

Kekse

1 Die tiefgefrorenen Stachelbeeren zusammen mit Sirup und Zucker in einen Stieltopf geben und ohne Deckel 5 Minuten unter Rühren erhitzen, bis die Beeren aufgetaut sind. In einem Mixer zu einer glatten Masse verarbeiten.

2 Mascarpone und Karamellpudding hinzufügen und gut verrühren. Die Mischung durch ein Sieb passieren und anschließend in einzelne Dessertgläser füllen. Mehrere Stunden kühlen.

3 Vor dem Servieren mit einigen aufgetauten Stachelbeeren dekorieren, die in Zucker gewälzt wurden. Dazu reicht man mürbe, kleine Kekse.

Dezember

Wichtige Arbeiten im Obstgarten

• Weinreben werden während der Vegetationsruhe geschnitten. Größere Schnittmaßnahmen zu anderen Zeiten können zu übermäßigem Bluten führen, was die Pflanze schwächt, wenn nicht sogar absterben lässt. Die Seitentriebe des Jahres sollten auf eine oder zwei Knospen zurückgeschnitten werden. Sanft die alte, lockere Rinde unter Glas gezogener Reben abreiben, um überwinternde Schädlinge abzuwehren.

• Winterschnitt bei eingewachsenen, frei stehenden Apfel- und Birnbäumen beginnen – mit Ausnahme von Spaliergehölzen, die erst im Sommer getrimmt werden.

• Nach einem detaillierten Plan und nicht wahllos schneiden. Folgendes sollte entfernt werden:

Totes, absterbendes und beschädigtes Holz (z. B. von Krebs befallenes Holz). Überkreuz und in das Kroneninnere wachsendes Holz, das die Luft- und Lichtdurchlässigkeit der Krone stört und Krankheiten fördert, gegeneinanderreibende Zweige, um Beschädigungen zu vermeiden.

Alle zu tief und überlang wachsenden Äste.

• Jetzt können Johannisbeeren und Stachelbeeren geschnitten werden. Man beginnt mit sehr altem, dünnem und krankem Holz.

• Haupttriebe der Roten und Weißen Johannisbeeren und Stachelbeeren auf die Hälfte bis zwei Drittel, Seitentriebe auf eine bis drei Knospen über der Basis einkürzen.

• Bei Schwarzen Johannisbeeren wird ein Drittel bis die Hälfte aller älteren Zweige bis auf den Boden zurückgeschnitten, um Platz für junge, vitale Triebe zu schaffen. Obstgehölze, die mittlerweile ihre Vegetationszeit beendet, sämtliches Laub abgeworfen haben und von Schädlingen wie Läusen befallen wurden, können mit winterlichen Spritzmaßnahmen gegen überwinternde Insekteneier behandelt werden. Auf Rindenschäden und -verstecke achten. Kranke und beschädigte Triebe werden entsorgt.

CHECKLISTE

✔ Vögel, besonders Gimpel (Dompfaff), picken häufig Blütenknospen an. In jedem Fall vor Vögeln schützen.

✔ Fallendes Laub aufrechen. Befallene Blätter unbedingt entsorgen.

FRÜCHTE DES MONATS – WEINTRAUBEN

Weinreben sind im Garten problemlos zu ziehen. Ohne Gewächshaus ist man allerdings auf Keltertrauben-Sorten angewiesen, da Tafeltrauben Wärme benötigen.

Tipps: Weinreben brauchen keinen ausgesprochen fruchtbaren Boden. Allerdings sollte das Substrat mit gut verrottetem Mist aufbereitet werden, wenn die Humusauflage flach und nährstoffarm ist.

• Sie benötigen für ihre Entwicklung und die Reife der Trauben so viel Wärme und Sonne wie nur möglich. Spätfröste können sämtlichen Triebansatz vernichten.

• Der vertikale Kordon ist die einfachste Rebenerziehung: Ein Stamm wird an einem Stab hochgezogen und die Fruchttriebe zu beiden Seiten waagerecht an Drähten weitergelenkt.

Dezember

»Jetzt ist Zeit für den
Einsatz der Baum-
schere – solitäre
Apfel- und Birnbäume,
Weinreben und Stachel-
beeren können
beschnitten werden.«

Ein Rückblick auf das Jahr

Die Ereignisse des Jahres noch einmal zum Jahresende rückblickend zu überdenken, ist eine gute Erfahrung. Wie leicht ist vieles vergessen! Hat man jedoch einen Gartenkalender geführt, sollte alles, was man braucht, nachzulesen sein.

Wichtig sind Aufzeichnungen über das angebaute Obst und Gemüse sowie die verwendeten Sorten, Aussaattermine, Witterungsverhältnisse und Einzelheiten der Ernte – wann war welches Obst und Gemüse reif und wie hoch oder enttäuschend waren die Erträge?

Am interessantesten sind meistens die Enttäuschungen, denn sie sind lehrreich. Bei niedrigen Erträgen wurde häufig zu spät gesät, die Pflanzen hatten nicht genug Zeit und Platz, um sich zu entwickeln, die Aussaat erfolgte zu früh, sodass Kälte einen Teil vernichtete. Oder es kam zur Schossenbildung. Das Wetter spielt eine große Rolle. Tomaten, Mais und Steinobst vertragen keine kühlen, feuchten Sommer, während sich Trockenheit negativ auf Stangenbohnen und Obst auswirkt.

Sortenwahl

Wurde die Aufzucht richtig gemacht, lagen die Probleme vielleicht bei den Sorten. Probieren Sie es dann mit neuen Sorten, die, je nachdem welches Problem bestand (z. B. Anfälligkeit für Krankheiten, Frost), besser geeignet sind

Einige Sorten, besonders bei Äpfeln, sind auf gewisse regionale und lokale Verhältnisse abgestimmt. Diese zu kultivieren ist immer einen Versuch wert, gleichgültig, was bisher angebaut wurde. Und natürlich sind die Erfahrungen der benachbarten Gärtner immer Gold wert. Erkundigen Sie sich, welche Sorten die Nachbarn anbauen und welche ihren Erfahrungen nach gut funktionierten. Schließlich sollte man bedenken, welche Sorten dem eigenen Geschmack (Aroma, Beschaffenheit, Farbe) entsprochen haben.

Samen verderben leicht bei Feuchtigkeit. In einer verschließbaren Blechbüchse sind sie gut aufgehoben.

Apfelbäume auf zwergwüchsigen Pfropfunterlagen, wie z. B. M27, gedeihen auch auf kleinstem Raum.

Beerenobst

In jedem Kleingarten sollte Platz für ein Beerenquartier sein. Die meisten Pflanzen sind so kompakt, dass sie auf kleinstem Raum gedeihen.

Vorbereitung eines Beerenquartiers

Erde umgraben und dabei große Erdplatten aufbrechen und sämtliche mehrjährige Unkräuter mitsamt Wurzeln entfernen. Reichlich gut verrottetes organisches Material wie Mist oder Gartenkompost einarbeiten, glattrechen und ein paar Wochen ruhen lassen.

Bei der Vorbereitung für ein Blaubeerbeet gilt eine etwas andere Vorgehensweise; s. Seite 150.

Wuchsformen

Johannisbeeren und Stachelbeeren können als Sträucher oder in dekorativen Spalierformen wie Fächer, Kordon oder – besonders eindrucksvoll – als doppelter Kordon gezogen werden.

Der Strauch allerdings ist die landläufige Form. Hierbei sind weder Stützen noch Drahtgerüste nötig. Stachelbeeren und Rote Johannisbeeren sollten dabei mit offener Buschmitte gepflegt werden. Dazu werden mittig wachsende Zweige entfernt, sodass nur vier oder fünf Hauptzweige an einem niedrigen, 20 cm hohen Stamm verbleiben. Da sie an altem Holz und an der Basis von jungem Holz fruchten, muss der Neuaustrieb während der Vegetationsruhe auf zwei Knospen zurückgeschnitten werden. Der Leittrieb an jedem Zweig wird um ein Drittel eingekürzt.

Stachelbeeren und Rote Johannisbeeren können auch als Hochstamm gezogen werden. Sie werden dazu auf dieselbe Weise geschnitten wie die Büsche, nur ist der Hauptstamm wesentlich länger – ca. 90 cm – und benötigt daher eine Stütze.

Schwarze Johannisbeeren haben andere Wuchsformen und fruchten am jungen, vorjährigen Holz. Bei der Buscherziehung werden sie tief in die Erde gesetzt, um im Frühjahr möglichst reichen Austrieb von der Basis her zu fördern.

Erdbeeren sind krautige Pflanzen, die in Reihen in einem Erdbeerbeet oder als attraktive Elemente in Töpfen, Ampeln oder Pflanzsäcken gezogen werden.

Die an den vorjährigen Ruten fruchtenden Himbeeren und Brombeeren sowie Loganbeeren und Taybeeren werden an Drahtrahmen gezogen. Andere wie die Herbst-Himbeeren fruchten an den Jahrestrieben und werden daher im Spätwinter bodennah zurückgeschnitten.

Pflegeschnitt

Schnittmaßnahmen sind für die Kontrolle der Größe einer Pflanze und für die Erhaltung einer guten Form sehr wichtig.

Sämtliches verholzende Beerenobst sollte mindestens einmal pro Jahr, normalerweise im Winter (aber es verträgt auch einen Schnitt im Sommer), geschnitten werden. Dies beinhaltet einen Rückschnitt eines Teils des Neuaustriebs auf fünf Knospen. Auf diese Weise gelangt Licht und Sonne in den Strauch und es verbessert die Luftzirkulation um die Früchte. Letzteres mindert die Gefahr von Krankheitsbefall. Für Einzelheiten siehe die Einträge unter den Rubriken »Früchte des Monats«.

Netz-Schutz für Beerenobst

Beim Beerenobst sind Vögel eine ständige Konkurrenz des Gärtners. Mit einem Netz verteidigt man die Ernte wirkungsvoll, sobald die Früchte zu reifen beginnen. Netze verhindern auch, dass Vögel im Winter die Knospen abpicken.

Eine andere Möglichkeit ist der Kauf eines Drahtkäfigs für die Sträucher. Billiger allerdings ist der Eigenbau aus Bambusstangen. Man stülpt dann Töpfe umgekehrt auf die in die Erde eingelassenen Stäbe, die das Netz tragen und sichert die Ränder mit Klammern oder langen Holzlatten auf dem Boden.

1 | **2**

3 | **4**

*1 Brombeeren wachsen dekorativ an einem Rankgerüst. 2 Selbst kleine Erdbeerpflanzen tragen reichlich Früchte.
3 Nach der Ernte Himbeeren bis zum Boden zurückschneiden. 4 Schwarze Johannisbeer-Sträucher fruchten reichlich im Sommer.*

Glossar

Abhärten Vorgang, frostempfindliche oder frostharte unter Glas gezogene Pflanzen allmählich an die Bedingungen im Freiland zu gewöhnen.

Ableger Junge Pflanze verbunden mit der Mutterpflanze (ohne Ausläufer), die getrennt und einzeln weitergezogen werden kann.

AGM *'Award of Garden Merit'* ist ein Prädikat, mit dem die *Royal Horticultural Society* Pflanzen auszeichnet, die in jeder Beziehung höchsten Qualitätsansprüchen genügen.

Alternanz Ertragsschwankungen bei unbeschnittenen Apfel- u. Birnbäumen, die meist in zweijährigem Rhythmus auftreten.

Aufhäufeln Dabei wird Erde um eine Pflanze herum aufgehäuft – z. B. bei Kartoffeln –, um zu verhindern, dass die Knollen grün werden, oder um dafür zu sorgen, dass Lauch weiße Stängel behält. Außerdem hilft die Methode, Pflanzen vor Wind- und Frostschäden zu schützen.

Ausgeizen Vorgang, bei dem man Triebspitzen entfernt, um die Ausbildung von Seitentrieben zu fördern.

Ausläufer Anhänge von Pflanzen, die auf der Bodenoberfläche verlaufen und eigenständig Wurzeln und kleine Pflänzchen ausbilden (z. B. bei Erdbeeren). Sie dienen der Fortpflanzung und sind eine vegetative Vermehrung.

Basische Böden Böden, die einen pH-Wert über 7 aufweisen und einen hohen Anteil an Kalk enthalten.

Bestäubungsgruppen Apfelsorten, die sich meist gegenseitig, seltener nur einseitig befruchten, werden zu Bestäubungsgruppen zusammengefasst. Sorten, die nicht befruchten, gehören nicht dazu. Bei der Auswahl sollte man darauf achten, Sorten der gleichen oder einer verwandten Gruppe zu wählen.

Biologischer Anbau Pflanzenkultur mit ökologischen, umweltschonenden Methoden ohne Einsatz chemischer Bekämpfungsmittel und chemischer Mineraldünger. Die Bodenfruchtbarkeit wird mit natürlichen Mitteln gesteigert.

Biologische Schädlingsbekämpfung Einsatz von natürlich vorkommenden Feinden und Krankheitserregern der Schädlinge, statt chemischer Vernichtungsmittel.

Blütenendfäule (Kalziummangel) führt zu schwarzen Stellen an den Blütenansatzstielen, z. B. bei Tomaten und Paprika. Ursache ist Wassermangel während der Fruchtentwicklung.

Bodenfruchtbarkeit Damit sind alle biologischen und mineralogischen Prozesse gemeint, die das Pflanzenwachstum beeinflussen.

Brassica Lateinische Bezeichnung der Kohlgattung.

Einjährige (Annuelle) Pflanzen, deren Vegetationszyklus sich innerhalb eines Jahres erfüllt.

Erziehung als Busch Methode, um z. B. Johannisbeeren als Busch zu erziehen. Das erfordert den jährlichen Rückschnitt der abgetragenen Triebe, um einen Neuaustrieb zu fördern.

Fächer Spalierform, bei der vom Stamm zwei oder mehrere Hauptäste in schräger Richtung ausgehen, an denen, ebenfalls in schräger Richtung, die Nebenäste gebildet werden.

F1-Hybride Pflanzen der ersten Filial-Generation (F1-Gen.) haben einheitlich die vom Züchter und Kunden gewünschten Merkmale. Samen, die man von F1-Hybriden sammelt, sind leider in der nachfolgenden F2-Generation nicht mehr sortenrein, sodass man für das Folgejahr einen frischen Vorrat erwerben muss.

Fruchtwechsel (auch Fruchtfolge) Es findet ein Anbauwechsel der Gemüsearten auf einem gegebenen Quartier statt, um eine Zunahme von Schädlingen und Krankheiten zu verhindern und die Nährstoffe im Boden zu schonen.

Glasglocke Überdeckung aus Glas in Glockenform, mit der man junge Pflanzen vor ungünstiger Witterung am Anfang oder Ende des Jahres schützt.

Graufäule Pilzkrankheit, die junge Sämlinge befällt, deren Stiele dann auf Bodenniveau abfaulen.

Griffelbüschel Seidige, fadenartige Büschel an der Spitze des Maiskolbens. Im braunen, trockenen Zustand Anzeichen von Reife.

Gründünger Spezielle Pflanzen, die dafür gezogen werden, in den Boden untergepflügt zu werden, um Bodenstruktur und Fruchtbarkeit zu verbessern.

Humus Das gesamte durch Bodenorganismen zersetzte organische Material im Boden, das Struktur, Fruchtbarkeit und die Fähigkeit Feuchtigkeit zu halten verbessert. Meist von dunkler Farbe.

Kalium Nährstoff, der Blüte und Fruchtbildung bei Pflanzen fördert.

Knolle Meist unterirdisches Speicherorgan einer Pflanze, wie z. B. bei Kartoffeln oder Topinambur.

Kohlhernie Pflanzenkrankheit, ausgelöst durch einen parasitisch lebenden, einzelligen Organismus. Befällt vor allem Kohl.

Kompost Das Ergebnis der durch Organismen zersetzten (verrotteten) Gartenabfälle. Er dient zur Bodenverbesserung und wird vor allem für die Anzucht in Töpfen und Pflanzsäcken verwendet.

Kordon Eine einstämmige Gehölzspalierform mit einem oder zwei horizontal verlaufenden Kordonästen.

Krone Basisnaher Abschnitt der Gemüsepflanze, an dem Stamm und Wurzel zusammentreffen (nicht mit der Baumkrone zu verwechseln!).

Langzeitdünger Dünger, der seine Inhaltsstoffe langsam und über einen längeren Zeitraum je nach Temperatur und Bodenfeuchtigkeit an die Pflanze abgibt.

Lehm Fruchtbare Bodenart aus einer Mischung aus Ton, Sand und Humus.

Mulch Schicht aus gut verrottetem Kompost oder ähnlichem organischem Material, die die Feuchtigkeit im Boden hält, indem sie die Verdunstung mindert. Zudem schützt Mulch die Wurzeln vor Frost, wehrt Unkraut ab und verbessert die Bodenstruktur.

Multitopfplatten System zusammenhängender, kleiner Anzuchtgefäße.

Nematoden Fadenwürmer, von denen einige Krankheiten hervorrufen, andere jedoch bei der biologischen Schädlingsbekämpfung eingesetzt werden.

Organisches Material, z. B. aus Gartenkompost oder Pflanzenresten. Spielt eine wichtige Rolle bei der Verbesserung der Bodenstruktur.

Palmette Spalierform, bei der an einer geraden Stammverlängerung schräge oder gerade Seitenäste angeordnet werden. Eignet sich für stark wachsende Pflanzen wie z. B. Birnen.

Pflanzsäcke Mit Kompost gefüllte Plastiksäcke, in die Gemüsepflanzen, wie z. B. Tomaten, im Glashaus oder auf einer Terrasse direkt eingesetzt werden können.

Pflanzstock Gartenutensil zum Stechen von Pflanzlöchern.

Potager Kombinierter Gemüse-Ziergarten aus französischer Tradition, in dem Gemüse, Obst und Zierpflanzen wachsen.

Pyramide Erziehungsform zu einer pyramidenförmigen Krone.

Rhizom Unterirdisches Sprossachsensystem, das wie eine Wurzel aussieht. Unkräuter mit Rhizomen wie Quecke oder Giersch sind schwer zu kontrollieren und breiten sich stark aus.

Rhododendronerde Kalkfreies, saures Substrat.

Rille Flache Furche, in die man aussät.

Saatkartoffeln/Pflanzkartoffeln Kartoffelknolle, die vor dem Einpflanzen vorgetrieben wurde. »Zertifizierte« Saatkartoffeln sind frei von Schädlingen und Krankheiten.

Saatkartoffeln vortreiben. Dabei lässt man Saatkartoffeln vor dem Einpflanzen Sprossen treiben, um eine frühere Ernte zu fördern.

Saure Böden Böden mit einem pH-Wert unter 7. Das Substrat hat entweder einen verschwindend geringen oder gar keinen Kalkgehalt. Einige Pflanzen, z. B. Blaubeeren, sind kalkunverträglich und gedeihen nur in sauren Böden.

Schossenbildung Durchtreiben des Gemüses und vorzeitige Produktion von Blüten und Samen. Führt bei Salaten zur Konzentration von Bitterstoffen.

Spalierformen Variantenreiche Erziehungsmethoden von Obstgehölzen mit flacher Ausformung und verschieden gelenkten Leit- und oft waagrechten Seitentrieben.

Stauden Mehrjährige Pflanzen, wie z. B. Erdbeere, Rhabarber und Spargel, mit einer mehrjährigen Produktionsphase.

Ton Bodenart, bestehend aus überwiegend feinkörnigen Mineralien. Kann variable Mengen an Wasser enthalten, neigt zur Staunässe, ist schwer umzugraben und erwärmt sich im Frühjahr nur langsam.

Topfkompost Komposterde, die für die Pflanzung in Töpfen nach dem Sämlingsstadium zusammengestellt wurde und mehr Nährstoffe enthält als Aussaaterde.

Umfallkrankheit Pilzkrankheit, die Sämlinge oder Jungpflanzen (vor allem von Kohl) schwächt oder abtötet. Befallene Exemplare knicken um.

Unterlage Auf diese wird die Veredelung (Edelsorte) aufgepfropft. Die Unterlage steuert vor allem das Wuchsverhalten (z. B. Zwergwuchs).

Veredeln Pfropfen; ein Pflanzenteil wird auf einen anderen verpflanzt.

Vlies Leichtes, fein gewebtes Material, das als Schutz für Pflanzen gegen Schädlinge und Kälte ausgebracht wird.

Vortreiben Methode, Pflanzen unter geschützten Bedingungen anzuziehen, um frühere Blüte oder Ernten zu erzielen.

Welke Pilzkrankheit bei Pflanzen. Symptome sind vergilbte, welke und schlaffe Blätter.

Wurzelnackt Bezeichnung für Pflanzen, die auf einem Feld gezogen, aus der Erde genommen und ohne Umpflanzen in einem Container mit nackten Wurzeln verkauft werden.

Zimmer- oder Minigewächshaus Kann üblicherweise beheizt werden und besteht aus einer Schale mit Glas- oder Plastikdeckel, in der man Sämlinge zieht.

Zwischenfrucht Schnell reifende Frucht oder Gemüsesorte, die zwischen zwei Haupternten gepflanzt wird.

Nützliche Adressen für Saatgut und Pflanzen

DEUTSCHLAND

Biosamenversand
Grit Dochow
Schillerstraße 11
03046 Cottbus
Fax: 01212 585280635
http://www.biosamenversand.de
Gemüse, Kräuter.

Rühlemann's Kräuter &
Duftpflanzen
Daniel Rühlemann
Auf dem Berg 2
27367 Horstedt
Tel.: 04288 928558
Fax: 04288 928559
E-Mail: info@ruehlemanns.de
Umfassendes Saatgut- und Pflan-
zenangebot an Kräutern und Ge-
müsesorten, zahlreiche Raritäten.

Magic Garden Seeds
Andreas Fái-Pozsár
Moritzstraße 1
34127 Kassel
E-Mail:
mailbox@magic-garden-seeds.de
http://www.magicgarden
seeds.com
Alte Gemüse- und Obstsorten.

Dreschflegel GbR
Postfach 1213
In der Aue 31
37213 Witzenhausen
Tel.: 05542 502744
Fax: 05542 502758
http://www.dreschflegel-
saatgut.de
Erzeugergemeinschaft, Produktion
von biolog. Saatgut.

Bio-Saatgut
Eulengasse 3
55288 Armsheim
Tel.: 06734 960379
Fax: 06734 960014I
E-Mail: ulla.grall@bio-saatgut.de
www.bio-saatgut.de
Produzentenverbund mit ca. 600
Gemüsesorten.

Die Blumenschule
Rainer Engler
Augsburger Str. 62
86956 Schongau
Tel.: 08861 7373
Fax: 08861 1272
E-Mail: info@blumenschule.de
Reiches Angebot an Kräutern und
Gemüsesorten, Raritäten.

Samen Hoffmann OHG
Sigritzau 4
91301 Forchheim
Tel.: 09191 60054
Fax: 09191 65968
E-Mail: info@samen-hoffmann.de
http://www.samen-hoffmann.de
Reiches Angebot an Samen.

Irinas Tomaten & Kräuter
Blattenhof 1
93142 Maxhütte-Haidhof
Tel.: 09471 21300
E-Mail: info@irinas-tomaten.de
http://www.irinas-tomaten.de
Breites Tomatensortiment, Kräuter.

ÖSTERREICH

Arche Noah
Obere Straße 40
A-3553 Schloß Schiltern
Tel.: 0043 (0) 2734 8626
Fax: 0043 (0) 2734-8627
http://www.arche-noah.at
Gesellschaft zur Erhaltung und
Verbreitung der Kulturpflanzen-
vielfalt, breites Netzwerk im
deutschsprachigen Raum.

Gartenbau Wagner
Gutendorf 36
A-8353 Kapfenstein
Tel.: 0043 (0) 3157 2395
Fax: 0043 (0) 3157 2607
Eindrucksvolles Kräuterangebot,
Beeren, Wildobst.

FRANKREICH

Association Kokopelli
Oasis. 131 impasse desPalmiers
30100 Alès
Tel.: 0033 (0) 466 306491
Fax: 0033 (0) 466 306121
http://www.kokopelli.asso.fr
Größter Verbund in Frankreich zur
Erhaltung alter Gemüsesorten.

Ferme de Sainte Marthe
BP10
41700 Cour Cheverny
Tel.: 0033 (0) 254 442003
http://www.fermedesaintemart-
he.com
Großes Angebot, Bezug auch über
Firma Bio-Saatgut.

G.I.E. LE BIAU GERME
47360 Montpezat
Tel.: 0033 (0) 553 959504
Fax: 0033 (0) 553 959608
service@biaugerme.com
Großes Angebot für den Küchengarten.

Graines Baumaux
BP 100
54062 Nancy cedex
E-Mail: contact@graines-
baumaux.fr
http://www.graines-baumaux.fr
Reiches Angebot an Saatgut:
ästhetischer, umfangreicher Kata-
log plus Webseiten.

GROSSBRITANNIEN

Thompson & Morgan (UK) Ltd
Poplar Lane
Ipswich, Suffolk
IP8 3BU, United Kingdom
Tel.: 0044 (0) 1473 688821
E-Mail: ccare@thompson-
morgan.com
http://seeds.thompson-
morgan.com/uk
Umfassendes Angebot.

Register

Bildnachweis

Alle Fotografien stammen von Jo Whitworth mit Ausnahme der Bilder auf den folgenden Seiten:

Alamy FoodCollection.com: 140, 194;

Corbis ImageSource: 5 (unten rechts), 105 (unten links), 190; Mark Bolton: 188; Markus Botzek: 103 (unten); Peter Frank: 173;

Fotolia .shock: 104; Andrzej Wodarczyk: 132 (unten); ason: 76; audaxl: 67; Bluestock: 121, 126 (oben rechts); Calek: 144 (unten links); chiyacat: 148; Chris Leachman: 60; claireliz: 134; Clivia: 16 (rechts); Colette: 5 (unten links); Dario Sabljak: 23; Denis Dryashkin: 12 (links); Douglas Gingerich: 78; Elena Moiseeva: 56 (unten); Elena Schweitzer: 164; Elenathewise: 68; Hazel Proudlove: 5 (oben rechts), 38; Heinrich: 24; Inspir8tion: 65 (oben); Kadmy: 65 (oben links); karnizz: 64; kaz: 72; komandos: 102; Lulu: 69; Margo Harrison: 65 (unten rechts), 146 (unten); Maria Brzostowska: 46; MarkFGD: 152; mirrormere: 12 (rechts); Monika Adamczyk: 112; Nadezda Verbenko: 145 (oben rechts); Neil Chillingworth: 171 (unten); Norman Chan: 170; Olga Lyubkina: 42 (oben); Oleg Fedorkin: 122; Olga D. van de Veer: 103 (oben); Oriental Trade: 5 (unten links); Patrick Hermans: 137 (oben rechts); Paul Paladin: 168; Picture Partners: 178; Vaida: 33; Sally Wallis: 96; siloto: 150 (unten); Witold Krasowski: 157 (oben links); Zee: 80 (unten); Ziablik: 26;

GAP Photos FhF Greenmedia: 86; Juliette Wade: 52, 74; Lynn Keddie: 47; Mark Bolton: 6, 20, 34;

Octopus Publishing Group Jane Sebire: 16 (links), 192 (oben); Mark Winwood: 62 (oben); Torie Chugg: 14, 22 (oben links und rechts), 28 (oben), 30, 32, 44 (oben), 98 (oben), 108 (oben rechts), 114 (oben und unten), 117, 132 (oben), 157 (oben rechts), 158, 174, 180 (oben), 201 (oben links und unten links);

RHS Herbarium Graham Titchmarsh: 44 (unten).